MOI

RENÉ HOMIER-ROY

Moi

biographie

avec la complicité de Marc-André Lussier

LEMÉAC

Ouvrage édité sous la direction
de Jean Barbe

Couverture : photo de Michel Cloutier, conception de Catherine Marchand

Leméac Éditeur remercie le gouvernement du Canada, le Conseil des arts du Canada, la Société de développement des entreprises culturelles du Québec (SODEC) et le Programme de crédit d'impôt pour l'édition de livres du Québec (Gestion SODEC) du soutien accordé à son programme de publication.

Canadä

ISBN 978-2-7609-9460-7

Mise en pages : Compomagny

Imprimé au Canada

À Pierre M.
À Daniel L.

PRÉFACE

Participer à l'écriture d'une biographie consacrée à soi m'a toujours paru relever davantage de la vanité que de la vérité. Il y a déjà longtemps, lorsque Marc-André m'a proposé de participer à ce qu'il appelait « notre projet », par politesse, j'ai dit oui – genre plus tard, à un moment donné, on en reparle. Et il m'en a reparlé jusqu'à ce que mon « peut-être » devienne un « oui » sincère.

Car, à ma grande surprise, aucun de mes amis n'a trouvé cette idée idiote. On m'a rappelé que j'avais, professionnellement, eu plusieurs vies, que j'en avais croisé d'autres, passionnantes, que ma longévité dans ce métier faisait de moi une sorte de monument, comme Marc Labrèche ne se lasse pas de le répéter. Et puis il y a eu mon psy.

J'avoue que je comptais un peu sur lui pour me calmer le pompon. Il fait partie, cet homme formidable, de la secte professionnelle qui ne répugne pas à répondre aux questions qu'on lui pose autrement que par « et vous, qu'en pensez-vous ? ».

Eh oui, la vanité. Et puis la chance, qui à mon avis a été dans ma vie plus importante que le talent. Mais pourquoi ne pas raconter tout cela, pourquoi ne pas en faire le cadeau à tous mes amis des aurores, du cinéma, de la culture à laquelle, très modestement, j'ai participé?

À mon grand étonnement, l'exercice a été fort intéressant. Ça m'a rappelé l'examen de conscience qu'on devait faire avant d'aller à la confesse. Car, vue de l'intérieur, ma vie m'a toujours semblé plutôt beige. Mais il se peut que, d'un autre point de vue, elle apparaisse plus colorée, plus intéressante. Si vous vous apprêtez à lire cette histoire, c'est la grâce que je vous souhaite de tout mon cœur…

René Homier-Roy

AVANT-PROPOS

René Homier-Roy a toujours fait partie de ma vie. Honnêtement, je ne saurais dire à quand remonte la première fois où je l'ai vu. C'était sans doute à la toute fin des années soixante, ou au début des années soixante-dix, à la faveur d'une chronique à la télévision, fort probablement à *Bon dimanche*. Je n'avais pas encore quitté l'enfance, mais tout ce qui touchait au monde de la télévision et à ceux qui s'agitaient dans ce petit écran, maintenant en couleur, me fascinait.

René se démarquait déjà par son style. J'adorais son franc-parler, son humour, sa façon bien particulière de parler des spectacles et des films qu'il voyait. Sans doute a-t-il eu une influence sur la carrière que j'ai choisie plus tard. À l'époque d'*À première vue*, j'ai été, je l'avoue, jaloux de Chantal Jolis.

Il y a plus de vingt-cinq ans, du temps où je faisais mes classes en animant une émission consacrée au cinéma à la radio de CIBL, une station communautaire de Montréal, René a répondu à une invitation que je lui avais lancée sans y croire. Sur la foi d'un enregistrement sur cassette – qu'il a pris la peine d'écouter ! –, il a accepté de venir coanimer bénévolement une émission pilotée par un parfait inconnu, et de visionner les quatre films prévus au programme cette semaine-là. J'étais déjà très touché. Je le suis probablement encore davantage aujourd'hui, étant maintenant plus à même de mesurer la portée de ce geste.

Nous nous sommes tout de suite bien entendus. René m'a ensuite fait l'honneur de m'inviter régulièrement à ses émissions, et nous avons gardé le contact pendant toutes ces années.

Mais au-delà de ces considérations personnelles, René est d'abord et avant tout l'un des personnages phares de notre paysage culturel. Qui a pu observer au fil de cinq décennies l'évolution remarquable de la société québécoise. Journaliste, directeur de magazines, animateur à la radio et à la télévision, cet ancien architecte en devenir a rapidement pu faire valoir ses talents de communicateur.

Voilà la raison pour laquelle je lui ai proposé de se raconter dans un bouquin. Ce que vous lirez émane de sa vision, de sa perception des choses, qu'il colore avec sa verve légendaire. La confiance qu'il me témoigne m'honore et m'émeut.

Marc-André Lussier

Chapitre 1

À L'ORIGINE D'UN NOM

Dans les années cinquante, seuls les grands aristocrates, ou ceux qui aspiraient un jour à le devenir, affichaient leur nom composé comme un titre de noblesse. René avait douze ans lorsque sa mère (féministe avant l'heure?) a suggéré que le nom de famille de son mari était décidément trop commun, et qu'il serait mieux de lui accoler le sien.

René Roy n'était pas très chaud à l'idée. Rien n'est plus fondamental, au début de l'adolescence, que d'être comme tout le monde. Et puisque Roy figure au troisième rang des noms les plus populaires au Québec, après Tremblay et Gagnon, il pouvait compter sur son patronyme pour préserver un relatif anonymat.

Plus tard, lorsqu'il commencera sa vie professionnelle et publique, lorsque sortir du rang sera devenu souhaitable, son nom composé se révélera un atout, peut-être même, un *trademark*. Certainement: une signature. Beaucoup plus tard encore, au moment où les noms composés pulluleront, frisant parfois le ridicule, René se fera souvent dire par des inconnus – sur un ton évidemment ironique – qu'il avait… «parti une belle mode»!

René Roy naît à Montréal, le 5 avril 1940. Le Canada, dirigé par Mackenzie King, est en guerre

11

contre l'Allemagne nazie depuis plus de six mois. Le gouvernement québécois, sous l'égide du premier ministre Adélard Godbout, adopte la loi sur le suffrage féminin six jours après sa naissance. C'est aussi cette année-là que Camillien Houde, maire de Montréal, est envoyé dans un camp d'internement, à Petawawa en Ontario, pour toute la durée de la guerre. Son crime? Avoir incité la population à défier le décret d'enregistrement national menant à la conscription.

Dans ce contexte incertain sur le plan mondial, Rolande et Émilien Roy, issus de la classe moyenne, accueillent René, le premier de leurs quatre enfants. L'aîné de la famille a souvent décrit son père comme un *jack of all trades* dont la vie professionnelle a connu des hauts et des bas.

Émilien avait treize frères et sœurs. Il venait de Sainte-Claire, un bled du comté de Dorchester, où les Roy pouvaient en mener large dans les années trente, grâce, entre autres, au pont à péage dont ils étaient propriétaires. Quand il a quitté son village pour venir s'installer dans la grande ville, comme l'ont fait tant de gens venus de ce que nous appelons désormais les «régions», Émilien a longtemps travaillé chez Bell Rinfret, une société montréalaise, aujourd'hui disparue, spécialisée dans les fournitures d'hôtels.

Rolande Homier, la mère de René, est née d'un père français, installé aux États-Unis pendant un petit moment. Joseph-Arthur Homier a été photographe, imprimeur, éditeur de magazines. Il fut aussi le tout premier réalisateur de films de fiction au Québec. Dans le *Dictionnaire du cinéma québécois*, on lui prête la paternité de deux longs métrages. *Madeleine de Verchères*, lancé en 1922, est une «épopée historique», alors que *La drogue fatale*, tourné l'année suivante, serait un «drame plutôt moralisateur décrivant la criminalité engendrée par la drogue qui faisait déjà scandale à l'époque[1] ».

Ce grand-père, que René n'a pas connu, a finalement peu à voir avec la vocation de cinéphile de son petit-fils. Le seul souvenir tangible qui reste de l'aïeul est une vieille photo dans laquelle on le voit derrière sa caméra, en train de tourner un plan.

René passe les trois premières années de sa vie dans un logement de la rue Berri, au cœur de Montréal. Un avis médical forcera toutefois le clan à déménager. Le médecin de famille, comme tous ceux qui exerçaient de nobles professions, avait beaucoup d'emprise sur ses ouailles. À une Rolande inquiète, il décrète que son fils a un « petit problème » au genou, et que René risquait de gros ennuis s'il continuait à courir sur des trottoirs en ciment. Le docteur conseille donc à sa cliente de déménager dans un milieu de vie plus sain, où le garçonnet pourrait gambader dans les prés à sa guise et en toute sécurité. Obéissante, la famille prend donc la direction de… Laval.

Dans les années quarante, la ville ne portait pas encore son nom. Ce n'était d'ailleurs pas une ville. L'île Jésus – comme on l'appelait en ce temps-là – affichait davantage l'allure d'une poignée de paroisses éparpillées dans les champs. Autour de la maison de Laval-des-Rapides, où s'installe la famille Roy maintenant plus riche d'une petite fille, Micheline, il y a un potager, un champ d'avoine et, plus loin, un petit ruisseau.

René est horriblement timide, comme le sont souvent au départ ceux qui un jour exerceront un métier public. Mais il vit avec bonheur et insouciance

---

1. Michel Coulombe et Marcel Jean, *Le dictionnaire du cinéma québécois*, Montréal, Éditions du Boréal, 2006, p. 359.

une enfance « extrêmement agréable », dans ce décor champêtre. Le garçon grandit au sein d'une famille bienveillante, en développant une grande complicité avec sa sœur cadette. Micheline, dotée d'un aplomb que René n'a pas encore développé, parle souvent pour lui, et réussi à obtenir des faveurs que René n'aurait jamais osé demander lui-même.

Ses deux premières années d'études primaires, alors qu'il était pensionnaire dans un couvent, sont toutefois difficiles à vivre. Loin de ses parents et de sa petite sœur, il se rappelle avoir sangloté tous les soirs en s'endormant. Son angoisse était si grande que Rolande et Émilien décident de ramener leur fils à la maison. Et puis, même si René ne s'en aperçoit pas tout de suite, la situation financière de la famille commence à devenir préoccupante. Ceci explique sans doute aussi cela, dirait-il.

À Laval, les Roy habitaient près de la maison de Médéric Martin, un ancien maire de Montréal. Cette résidence était, aux yeux de l'enfant, « invraisemblable » tant elle l'impressionnait. Quand il rentrait du boulot le soir, Émilien tenait à dire aux siens combien ils étaient chanceux de vivre dans un aussi bel environnement, « comparativement aux petits pauvres de la rue Craig ».

Émilien Roy a connu des périodes très prospères, mais aussi des creux terribles, et sa nature un peu dépressive n'aidait en rien les choses. Rolande, de son côté, avait tendance à déprimer quand tout allait bien, mais devenait extrêmement énergique et combative dans les moments difficiles. Cette « lionne » se réveillait de façon spectaculaire dès que l'adversité pointait le bout du nez. Elle était prête à tout pour assurer le bien-être de ses enfants.

N'empêche, en 1950, les parents de René doivent se résigner à « casser maison », comme on disait à cette époque. Sans un sou en banque, ils doivent liquider tous leurs avoirs. Pendant une terrible semaine, ils n'ont plus nulle part où aller et doivent dormir dans la voiture. René n'a pas conscience de ces difficultés avant ce jour où un objet, de grande valeur à ses yeux, lui a été retiré.

Ses parents l'avaient confié à une tante et un oncle pendant quelques mois, le temps qu'Émilien puisse trouver une solution à ses problèmes financiers. Un jour, René rend visite à ses parents. Au moment de son arrivée, le « petit câlisse de Nantel », un voisin qu'il « haïssait » profondément, est en train de descendre les marches de la maison, tenant dans ses mains SON petit garage, le jouet qu'il aimait tant, qu'un ami d'Émilien avait construit avec des bouts de bois expressément pour lui, et avec lequel il s'est beaucoup amusé. Cet épisode peut avoir l'air aujourd'hui « ben niaiseux », dit René, mais c'est à ce moment précis qu'il a pu mesurer la gravité de la situation. Il ne pouvait imaginer ses parents se départir sans raison d'un bien aussi précieux.

Pendant un an, René a ainsi vécu chez tante Juliette et oncle Armand. Ces braves gens avaient beaucoup d'affection pour leur neveu. Les problèmes de sa famille étaient si sérieux qu'il fut même question d'adoption. Mais Rolande, toutes griffes dehors, se refusait à l'idée, et ne supportait pas d'être séparée de ses lionceaux : « On va vivre ce qu'on aura à vivre mais on va le vivre ensemble. »

Ainsi la famille Roy a-t-elle vécu, entassée dans des chambres louées à peu de frais, dans des moitiés d'appartements du quartier Ahuntsic, ou chez des gens souvent plus mal pris qu'eux encore. Pauvres, mais réunis.

Cette errance a pris fin un an plus tard, au moment où Émilien a trouvé un boulot assez payant pour lui permettre d'installer de nouveau les siens dans un appartement, toujours à Ahuntsic. Cette période marquante – et un brin traumatisante il faut bien le dire – a fait réaliser à René combien pouvait être fragile l'impression de confort et de sécurité d'un enfant. Dans la mémoire de René, l'annonce de la réunion familiale, après un an de séparation, reste à tout jamais inscrite comme un moment de bonheur absolu.

La famille a accueilli ensuite la deuxième moitié du quatuor d'enfants. Souffrant de trisomie, Michel n'aura vécu qu'une douzaine d'années. France, de treize ans la cadette de René, est décédée quant à elle à la fin des années deux mille.

Papa

Je prétends depuis toujours que je suis un gars de chars...

Et, longtemps, ça a été vrai. J'ai eu toutes sortes de bagnoles et j'ai éprouvé un plaisir extrême à les conduire. Toutes, sauf une, de loin la plus belle, et aussi le plus beau citron, en fait, qu'on pouvait trouver à ce moment-là sur le marché. C'était une Austin-Hailey 1968, que mes amis, qui ne la connaissaient pas intimement, m'ont longtemps enviée.

Comme plein de petits Québécois, c'est à mon père que je dois cette passion. Il me l'a transmise très tôt - je devais avoir cinq, six ans. On habitait à la campagne et, souvent, il m'emmenait, dans son énorme voiture, faire de longues balades - des tours, on disait - sur des chemins déserts, assis sur ses genoux et cramponné à l'immense *steering* - comme on appelait le volant à cette époque.

Je me souviens encore du sentiment de puissance qui m'habitait alors. Longtemps avant Leonardo DiCaprio dans *Titanic*, j'étais littéralement the *King of the world*...

Cette émotion était aussi intimement liée à une autre : l'impression de faire un avec mon père. Comme tous les hommes de ce temps - presque tous, vraiment -, il évitait les contacts avec son fils. Or, la proximité physique de ces leçons de conduite, et la passion des autos qu'il m'avait communiquée, ont quasi toujours été notre lien le plus étroit.

Très tard dans sa vie, alors qu'il était financièrement démuni, je lui ai acheté une petite Studebaker, à mon avis très laide, mais toute neuve. Lorsque je suis allé la lui porter, j'ai eu l'impression, fugace, que malgré son sourire il n'était pas vraiment content.

En fait, mon père me connaissait peu, et je le connaissais mal. Un an plus tard, à la recherche d'un quelconque cossin dans son garage, j'ai découvert la Studebaker couverte de poussière. Il ne l'avait, je pense, jamais utilisée.

La petite machine neuve a donc été échangée contre une grosse minoune, qui cette fois je crois lui a vraiment plu.

Des années après – il était à l'hôpital, très malade –, je suis entré dans sa chambre à l'improviste et j'ai vu de grosses larmes couler sur ses joues. Je lui ai dit : «Qu'est-ce que vous avez, papa?» Et il m'a répondu, l'air désespéré : «Je ne pourrai plus jamais conduire mon char.»

C'est cet après-midi-là que j'ai eu mon premier contact avec la fée Valium...

R. H.-R.

Chapitre 2

UNE VOIE TOUTE TRACÉE,
OU PRESQUE...

La fascinante maison victorienne de Médéric Martin a-t-elle stimulé l'intérêt de René Homier-Roy pour l'architecture? L'envie d'étudier dans ce domaine s'est en tout cas déclarée très tôt.

Après son passage à vide, Émilien, le père, s'est refait une santé professionnelle en travaillant avec les développeurs des premiers lotissements de Laval-des-Rapides. Ils ont arpenté les premières rues, dessiné le boulevard Marois, conçu de nouvelles infrastructures, ils ont conçu ce qui deviendra plus tard un quartier de banlieue urbaine. Puis, nouveau déménagement à Laval, où les Roy ont eu l'occasion de s'installer successivement dans plusieurs maisons modèles.

René, maintenant adolescent, aimait aller traîner sur les chantiers, fouiner dans les bungalows en construction. Il aimait les odeurs : le bois, le béton, le métal, le bran de scie. Il affichait également un certain talent pour le dessin, comme en font foi les croquis de robes qu'il destinait à sa sœur.

Encore aujourd'hui, il n'hésitera pas, au détour d'une conversation, à fournir quantité de détails sur l'histoire d'un building, d'un complexe architectural, d'une église, d'un monument, d'un objet d'art, de tout ce qui relève du monde du design. Cette passion ne s'est jamais éteinte.

Quand René atteint l'âge de dix-huit ans, sa voie professionnelle semble toute tracée. Mais, contrairement à la plupart de ses camarades, l'architecte en devenir fait l'impasse sur le «cours classique», ces études pré-universitaires, réservées habituellement aux nantis, et pour lesquelles les familles de classe moyenne étaient prêtes à faire des pirouettes budgétaires. C'était un choix délibéré, que René n'arrive toujours pas à expliquer.

Après les études secondaires, l'adolescent a fréquenté l'école supérieure, où il a eu la chance de tomber sur d'excellents professeurs, dont l'un, le frère Lefebvre, a joué un rôle déterminant. Ce fin pédagogue faisait partie de ces gens dotés d'un talent particulier, celui de rendre intéressantes toutes les matières, même celles qui n'avaient aucun coefficient de *sex appeal* aux yeux de l'élève.

Entré chez les clercs de Saint-Viateur à trente ans, le frère Lefebvre avait vite compris que René devait absolument vaincre sa timidité pour progresser. Aussi l'avait-il inscrit – au corps défendant du principal in-téressé – à un concours d'art oratoire. À la fin de la récréation, le frère Lefebvre appelait René à sortir du rang et l'invitait à monter sur une tribune afin qu'il s'exécute devant toute la classe, en faisant bien attention de respecter la bonne diction de ce temps, notamment le roulement de la lettre «r». Seul hic: on ne roulait pas les «r» chez les Roy. Mais les curés, si. «En admirrrant les merrrveilles de la naturrre», déclamait alors le garçon en écartant sa gêne. À l'évocation de ce souvenir, René précise qu'il ne fait pas partie de ceux qui tiennent rancœur aux ecclésiastiques. S'il comprend le caractère traumatisant des histoires d'horreur – maintenant révélées au grand jour – liées à de nombreux cas d'agressions sexuelles, il n'a rien vu ni vécu de tel. Il a au contraire eu la chance de tomber sur de merveilleux pédagogues, des frères enseignants – et des religieuses auparavant – «absolument formidables».

Au temps de la Grande Noirceur, la religion occupait beaucoup d'espace au Québec. Comme toutes les bonnes familles catholiques de la Belle Province, les Roy se rendaient à l'église tous les dimanches pour assister à la messe. Attiré par les rituels, René observait l'apparat entourant les cérémonies religieuses d'un œil intéressé, comme s'il s'agissait d'un défilé de mode. Pendant un moment, ses parents ont cru qu'il se dirigeait droit vers la prêtrise. Il se rappelle encore avec ravissement une cérémonie de première communion organisée expressément pour lui dans la chapelle – «en bois sculpté, extraordinaire, sublime» – de l'église Saint-Enfant-Jésus de Montréal. Une blessure l'ayant empêché de participer à celle prévue trois semaines plus tôt pour l'ensemble de ses camarades de classe, le jeune apôtre a ainsi pu goûter à plein ce moment solennel.

Une fois franchie l'étape de la puberté, la notion de «péché» – et le ticket d'entrée pour l'enfer qui l'accompagne – a soudainement emprunté une forme beaucoup plus concrète. René a développé un comportement qu'on pourrait qualifier d'obsessif. Dans son esprit, qu'il tenait visiblement à maintenir sain, il était impensable, inimaginable, inenvisageable, d'esquiver la confesse une seule journée de sa vie. Il était hors de question de s'endormir le soir sans s'être lavé des péchés du jour, de peur que la mort frappe en pleine nuit. La situation était à ce point préoccupante que Rolande commençait à souhaiter que son dévot de fils se calme un peu.

Il s'adonne qu'un curé qui n'habitait pas au presbytère empruntait tous les matins le même chemin que l'adolescent pour se rendre à l'église. Le curé a rapidement reconnu le seul garçon de cet âge à se précipiter au confessionnal tous les jours que le bon Dieu amenait. Détectant chez le jeune homme une espèce de névrose, l'ecclésiastique lui a offert de pratiquer une forme de confession pédestre. Le vieil homme aux allures de bon grand-papa était prêt à entendre ce que l'adolescent anxieux avait à lui raconter tout en marchant vers l'église, évitant ainsi la lourdeur du confessionnal sombre et intimidant. Du coup, pour René, la notion de péché s'est considérablement allégée. Au bout d'un mois, l'obsession est disparue. René aimerait bien se rappeler le nom de ce curé, qui avait su dire exactement ce qu'il fallait pour le sortir de sa terreur, mais la mémoire, on le sait trop bien, est une faculté qui oublie. Aussi la crise de foi fut-elle de courte durée. Aujourd'hui, il remercie le ciel que tous ces pédagogues, mus par l'appel de la vocation, aient été là pour éduquer le Québec.

Quand est venu le moment de choisir une spécialisation, René s'est tout naturellement tourné vers l'architecture. À l'âge de dix-sept ans, il avait déjà conçu et dessiné la maquette d'une maison ronde qui a suscité l'intérêt des gens avec qui Émilien collaborait. Après avoir étudié l'architecture à l'université pendant deux ans, René a pris conscience que la technique passait bien avant la création artistique. Le désir d'une carrière professionnelle en ce domaine s'est vite tari.

Ces deux années d'études universitaires ne furent toutefois pas inutiles. En fréquentant l'Université McGill, le jeune homme a fait la connaissance de Jean-Louis Robillard, avec qui il partagera pendant des décennies une très grande amitié. C'est aussi pendant cette période qu'il a dû affronter la «vraie» vie. Même si Rolande et Émilien contribuent financièrement à ses études, René doit occuper un emploi saisonnier afin de boucler son budget. Le travail qu'il décroche alors constitue l'un des pires souvenirs de sa vie. Pendant tout un été, l'étudiant a travaillé de nuit à la Continental Can, une compagnie qui fabriquait des boîtes de tôle. L'odeur était épouvantable, et le bruit, terrifiant. Des hommes tout maigres, avec de grosses familles qui les attendaient à la maison, faisaient deux *shifts* par jour pour tenter de joindre les deux bouts. L'image qu'il garde de cet endroit – et de ce que les employés devaient y faire pour gagner leur croûte – reste, encore aujourd'hui, sa vision personnelle de l'enfer.

Dès le départ, un incident survenu là a suscité colère, indignation et dégoût. Comme tous les autres employés effectuant un travail similaire, René était menotté à la chaîne de montage. Cela n'est pas qu'une figure de style. Afin que les mains des ouvriers soient automatiquement retirées au moment où la machine scelle une plaque de tôle pour en faire des couvercles, on devait leur attacher les poignets, pour éviter les accidents. Dix minutes après avoir commencé son quart de travail, René s'est coupé un pouce, qui s'est mis à saigner abondamment. Le contremaître a pourtant refusé qu'il s'arrête, faisant valoir que la pause était prévue seulement trente minutes plus tard.

Heureusement, le salaire était intéressant. Mais ce travail aliénant comportait aussi ses effets secondaires, notamment, une puanteur dont on voulait tellement se débarrasser qu'on ne pouvait faire autrement que de se *scrubber* frénétiquement sous la douche au retour. Cette odeur était si insistante que les draps en étaient imprégnés, malgré la séance de frottage intensif.

Les Roy ont manqué d'argent pendant un moment, c'est vrai, mais c'est là, dans cette usine, face à ces gens coincés dans une voie sans issue, que René a pris conscience de la dure réalité de la vie. Le drame que sa famille a vécu n'avait finalement rien de comparable avec l'espèce de misère humaine qui, cruellement, s'étalait là, devant lui.

La Continental Can n'existe plus, mais pendant des années, cette odeur n'a jamais cessé de lui revenir au nez, en roulant en voiture sur le boulevard Métropolitain, non loin de Décarie, où l'entreprise était située. Pour René, ce passage à l'usine a quand même eu quelque chose de très formateur. C'est là qu'il a compris pourquoi des gens pouvaient se livrer au crime pour éviter ce genre d'enfer. « Qui sait si je n'aurais pas commis d'actes criminels moi aussi si je n'avais pas eu l'espoir de faire autre chose ? », demande-t-il. « Contrairement à tous ceux, ou presque, qui travaillaient là, je savais qu'ensuite je m'en irais ailleurs, faire des études à l'université. J'y voyais une profonde injustice pour tous ces gens, condamnés à survivre dans de telles conditions, avec la misère sociale et intellectuelle qui vient avec. »

Pendant toute la durée de ses études à McGill, René habite encore chez ses parents. Le deuil de l'architecture a été facile à faire, car rien de tout ce qu'il espérait y trouver au départ ne correspondait à la réalité. Même s'il avait nourri ses rêves d'enfant, le métier d'architecte, dans son exercice même, ne l'attirait plus. Plusieurs de ses anciens camarades, qui ont poursuivi leurs études en ce domaine, se sont recyclés dans l'enseignement. Ils étaient tous sous le charme de l'un des leurs, devenu célèbre : Moshe Safdie. Grande star de l'université, il avait présenté un projet de fin d'année que nous devions connaître plus tard sous le nom d'Habitat 67.

De tous les cours qu'a suivis René à l'université McGill, celui consacré à l'histoire de l'architecture, donné par un prof britannique, a été le plus accablant. Quand René a choisi de fréquenter l'institution de la rue Sherbrooke, le bon apprentissage de l'anglais figurait haut sur la liste de ses critères de sélection. Malgré sa ferveur nationaliste, le jeune homme, âgé de dix-huit ans, était parfaitement conscient des avantages liés à la maîtrise de la langue anglaise en Amérique du Nord. Il estimait qu'il fallait d'évidence avoir accès à sa propre culture, mais pour faire bouger les choses il était essentiel de connaître et de se familiariser avec la langue de Shakespeare. Quelles que soient les convictions politiques, il est impossible de bien vivre au Canada en faisant complètement abstraction de la langue de la majorité. À son souvenir, il régnait à McGill une attitude beaucoup plus anti-juive qu'anti-canadienne-française. Les étudiants juifs étaient contingentés, alors que les francophones, beaucoup moins nombreux, étaient plus facilement admis.

Jean-Louis et René faisaient partie des rares Canadiens français inscrits dans la faculté de génie, secteur de l'architecture. Dans cette mer anglo-saxonne, l'ami s'est débrouillé un peu mieux que lui au début, car il avait déjà fait partie d'une classe d'immersion anglaise. Mais René a rattrapé le retard très rapidement. Ils provenaient de milieux à peu près similaires et ils étaient animés, l'un comme l'autre, d'une volonté de voir ailleurs s'ils y étaient. Étant dans son élément, Jean-Louis a poursuivi ses études dans le domaine et a obtenu son diplôme.

Après avoir renoncé à l'architecture, René est parti pour l'Université d'Ottawa afin d'y suivre des cours en sciences politiques. Très en appétit en ce début de vingtaine, le jeune adulte voulait découvrir le monde, apprendre. L'idée de vivre ailleurs, dans une ville qu'il ne connaissait pas, ne lui déplaisait pas non plus.

Ottawa était pourtant une ville d'un ennui mortifère. C'est du moins l'impression qu'il garde de la capitale canadienne au début des années soixante. Dans son souvenir, on n'y comptait – horreur – que deux cinémas : l'un à Hull, l'autre à Ottawa. La programmation était renouvelée toutes les trois semaines, mais on n'y présentait finalement que de mauvais films américains.

Dans la capitale du pays, le futur animateur de *C'est bien meilleur le matin* s'est découvert un grand intérêt pour la question politique. Parmi les professeurs qui l'ont marqué figure notamment Jean-Luc Pépin, qui fut par la suite ministre dans les gouvernements dirigés par Lester B. Pearson et Pierre Elliott Trudeau. Pour rien au monde, René n'aurait voulu rater son cours, programmé le lundi matin à huit heures. Monsieur Pépin faisait partie de ces pédagogues sachant transmettre le goût de comprendre et d'apprendre. Les connaissances acquises dans le domaine politique à cette époque furent précieuses. « Quand j'ai commencé à animer l'émission de radio du matin, tout le monde était persuadé que, ne connaissant supposément rien en politique, j'allais me faire ramasser. Mon approche n'est pas aussi pointue que celle d'un Michel Lacombe, mais personne ne savait que je disposais d'une base assez émulsionnée dans le domaine. Je m'y suis toujours intéressé. »

Tous les dimanches, au cœur de la nuit, René repartait de Montréal – où il venait passer ses week-ends – dans sa petite voiture sans chauffage, une Austin Sprite « avec de gros yeux », afin d'arriver à temps à son cours le lundi matin. Ce choix de poursuivre des études à Ottawa n'était pas complètement innocent, car au terme du programme de sciences politiques, on vous attribuait aussi le bac. René y voyait une occasion rêvée de rattraper le fameux cours classique, à côté duquel il était passé.

Contrairement à bien des gens de sa génération, René ne s'est jamais engagé publiquement sur le plan politique. Mais il a toujours observé de très près ce qui se passe à ce chapitre. La fameuse histoire de la «vendeuse de chez Eaton» n'a rien d'une légende urbaine à ses yeux. Il a vu sa mère Rolande rougir de colère quand elle tombait sur une vendeuse francophone qui se forçait pour s'adresser à elle dans un anglais tout croche. Dans ces années-là, la disparité entre les deux communautés était criante. Et d'autant plus flagrante que la minorité anglophone exerçait son pouvoir sur tous les fronts. «Il fallait être aveugle ou sourd pour ne pas le constater», dit-il.

À PROPOS
DE MAISONS

QUELQU'UN QUI VIT DANS UN ENVIRONNEMENT sans couleurs ne peut à mon avis qu'être malheureux. Il s'agit d'un élément absolument essentiel à la qualité de la vie. Cette conviction remonte à très loin, dès l'époque où, jeune, j'ai conçu une maison ronde dont la maquette avait impressionné les collègues de mon père. J'ai toujours été en réaction contre les appartements montréalais en forme de corridor. Déjà, le bungalow, c'était mieux. Mais l'idée de la maison ronde était qu'elle était éclairée partout. Quand j'ai entrepris des études en architecture, c'était surtout pour créer des milieux de vie, et j'avais l'impression que telle serait ma contribution à l'humanité. Les grands architectes n'ont pas tellement cette préoccupation-là, cela dit. La plupart choisissent de construire des maisons très chères, ou alors, des choses à peu près identiques. Le seul qui se démarque sur ce plan est Gilles Saucier. En voilà un qui sait créer des trucs marrants sans qu'ils coûtent obligatoirement des millions.

Pierre Thibault conçoit des maisons remarquables, mais elles vont à l'encontre de ce que j'aime. Le jour, elles sont fabuleuses car elles n'ont pas besoin d'autre aménagement que la nature, mais la nuit, c'est une tout autre histoire, car tu te retrouves dans une boîte noire. Il m'apparaît essentiel d'être entouré de belles choses. Ces maisons sont magnifiques mais elles ne me semblent pas habitables tellement elles sont froides, belles mais pas agréables.

En fait, il s'agit d'une question de répartition de l'espace. Je me souviens d'une petite maison que j'ai louée en Floride dont les volumes étaient parfaits. C'est dire que l'architecte qui l'avait dessinée comprenait la notion de confort et d'aisance qui, à mes yeux, est primordiale. Quand on a un peu de fric, il est évident qu'il est plus facile de concevoir de beaux espaces, mais je crois qu'il est possible de se créer un environnement dans lequel on se sent bien, même avec des revenus plus modestes. L'art de vivre est à la portée de tout le monde jusqu'à un certain point. Un appartement corridor est pour moi une entrave au bonheur, et Dieu sait combien on en trouve à Montréal. La seule personne qui est parvenue à transformer un tel appartement de façon intéressante est mon ami Jean-Louis Robillard.

J'ai toujours été obsédé par l'harmonie d'un espace intérieur. Luc Plamondon partage avec moi cette obsession. Quand on arrive dans une maison, la première chose qu'on fait est de regarder ce qu'on pourrait bien changer. Il y a plusieurs années, j'ai loué pendant un an la maison que possédait Luc au lac Memphrémagog. La maison était décorée très sobrement, sans flaflas, avec beaucoup de goût. J'ai apporté un tapis, un fauteuil Le Corbusier, un tableau, et Luc était ravi de ma contribution. N'écoutant que mon ambition, je me suis ensuite attaqué à la bibliothèque, qui ne comprenait que des livres de poche, en voulant mettre un peu d'harmonie et un peu de punch à l'affaire. Marc Drouin, le chum de Luc, m'a congédié sur-le-champ parce que j'avais osé toucher au désordre.

Cela dit, l'appartement qui m'a mis le plus en joie est celui qu'a occupé Chantal Renaud à Paris pendant une dizaine d'années. Cet endroit fabuleux était situé sur le Champ-de-Mars près de l'École militaire. J'avais tellement l'impression que cet appartement hyper harmonieux, sublime été comme hiver, était conçu pour moi que j'en rêvais la nuit. Les proportions étaient parfaites, tout comme le souci du détail, et je n'ai jamais eu un sentiment de cette nature pour un autre appartement.

J'ai aussi été heureux dans ce manoir loyaliste en brique rouge de Frelighsburg, dans lequel j'ai habité pendant un an. Ce domaine était entouré de cèdres géants, et comportait aussi de petits bâtiments. On y a élevé des lapins, des poules pondeuses, un coq et une poule vietnamiens bien névrosés, bien *weird*. Le loyer mensuel n'était pas élevé pour un tel endroit immense, et très mal isolé, mais j'ai sursauté quand j'ai reçu la première facture de chauffage. C'était épouvantablement cher. C'est là que Micheline Lanctôt a tourné *La vie d'un héros*.

Pendant longtemps, j'ai été un peu gêné de dire que j'habitais à Habitat 67. D'une part, parce que tout le monde sait combien il en coûte pour y vivre. Il reste qu'au départ, l'intention de Moshe Safdie était d'y faire vivre des gens de plus modeste condition. Le résultat ressemble à ce qu'il souhaitait sur le plan architectural, mais les aléas de la vie ont fait que cet endroit a changé de vocation, même si on n'est quand même pas ici dans les signes extérieurs de richesse. Il y a là des gens qui vivent de façon relativement modeste. Habitat 67 a eu un impact pendant longtemps sur la conception de l'urbanisme, mais cette influence s'est estompée. Je trouve ça consternant.

J'ai été ravi des endroits où j'ai habité et j'estime avoir été très chanceux à cet égard. Je ne me souviens pas avoir été déjà déçu ou malheureux dans les maisons où j'ai habité. Il faut prendre le temps de s'installer, laisser à son espace le temps d'arriver à maturité.

Le sport

Lorsque j'ai quitté l'émission du matin, Pierre Foglia a écrit que, depuis toujours, il voyait clair dans mon jeu et qu'il entendait très bien, lorsque je parlais de sports, que je feignais l'orgasme. Il avait raison, bien sûr.

Le seul sport que j'ai pratiqué avec plaisir, depuis mon adolescence, c'est le kayak. Je m'en suis d'ailleurs construit un – armature de bois recouverte d'un tissu de fibre de verre laqué – quand j'avais une quinzaine d'années, et avec lequel j'ai hardiment navigué sur la rivière des Prairies. Cette embarcation était, tel un zèbre de mer, rayée noir et blanc. Ma sœur Micheline, qui ramasse beaucoup de choses, l'a encore dans sa maison de Saint-Michel-des-Saints.

Et puis, longtemps après en avoir fait mon deuil, j'ai vu un jour Clémence DesRochers (une grande sportive, elle) foncer vers mon quai du lac Memphrémagog, à bord de la version moderne de mon bateau. Je le lui ai brièvement emprunté avant de me précipiter chez le marchand de Magog – où il n'en restait qu'un, identique, que j'ai acheté sur-le-champ. La tête de Clémence quand, une heure plus tard, on s'est croisés sur l'eau...

Pendant des années, j'ai pagayé sur le lac Memphrémagog, puis sur le lac Montjoie avec, toujours, autant de plaisir. Même avec un pied dans le plâtre. Même à la toute fin de l'automne. Moi qui n'ai jamais connu l'ivresse du ski alpin ou du tennis de compétition, je me précipitais, quasiment dès le dégel, dans mon kayak.

Il y a quelques années, j'ai beaucoup fait rire de moi en annonçant à la radio que j'étais le fier propriétaire d'un ponton, le *Titanic 2*. Avec lequel on ne fait pas vraiment de sport, mais qui permet néanmoins de voguer sur l'eau. En vieillissant, on apprend à se contenter de moins…

R. H.-R.

Chapitre 3

L'APPÉTIT DE CULTURE

À la fin des années cinquante, les Canadiens français épris de culture avaient du mal à combler leur appétit. En matière de spectacles, de films, de pièces de théâtre, d'expositions, le menu était mince. Les nantis pouvaient se permettre des séjours à Paris; les autres sautaient dans un train pour se rendre à New York. C'est ce qu'ont souvent fait René et son ami Jean-Louis en voyageant de nuit pour gagner le lendemain la chambre qu'ils louaient, au YMCA. Lors de leur première année d'études en architecture à McGill, peu après l'inauguration du Seagram Building, les deux comparses ont fait une manière de pèlerinage dans la mégalopole américaine. En ce beau jour de 1959, ils se sont assis sur la Plaza pour admirer longuement ce building qui occupait l'espace de façon unique. Pour la toute première fois de sa vie, René a eu le sentiment qu'une œuvre architecturale contemporaine s'adressait directement à lui, qu'elle lui parlait de façon intime en quelque sorte. Plusieurs années plus tard, Jean-Louis et René se sont offert un repas hors de prix au spectaculaire restaurant The Four Seasons, un espace du Seagram Building, conçu par Philip Johnson, qui était la cantine de Henry Kissinger. Le bonheur.

La culture est aujourd'hui tellement vibrante – et essentielle – dans notre coin de pays qu'on a peine à imaginer le contexte de cette époque. Plusieurs jeunes Québécois ayant grandi au temps de Duplessis ressentaient violemment le sentiment d'oppression, l'enfermement, le réflexe du repli sur soi. René réagit toujours de façon épidermique quand il entend aujourd'hui certaines personnes faire un peu de révisionnisme. Comment peut-on remettre en question l'importance de la Révolution tranquille en affirmant que l'aspect sombre de la période qui l'a précédée a été exagéré ? « Il est peut-être vrai que la lumière n'était pas complètement éteinte, dit-il, mais l'ignorance collective sur laquelle les gens de pouvoir ont misé pour exercer leur influence était, elle, bien réelle. »

Au temps de la Grande Noirceur (et même encore un peu après), les ciseaux du clergé étaient particulièrement bien aiguisés. Plusieurs films jugés « immoraux » ont été honteusement charcutés, quand ils n'étaient pas tout simplement interdits. En 1954, *Le rouge et le noir* (Claude Autant-Lara) est présenté dans nos terres dans une version incompréhensible. *Hiroshima mon amour*, le chef-d'œuvre d'Alain Resnais, a aussi eu droit à sa purge. On peut comprendre l'envie furieuse qu'ont eue les cinéphiles des années quarante et cinquante de monter dans un train pour aller apprécier ailleurs, où l'air était un peu plus respirable, des œuvres dans leur intégralité.

René n'irait pas jusqu'à dire que ses escapades new-yorkaises l'ont sauvé, mais il est clair que son esprit s'est alors ouvert. Il garde de précieux souvenirs de ses visites dans les musées – le MOMA, le Metropolitan, le Guggenheim –, d'autant qu'à l'orée des années soixante, les musées de Montréal faisaient plutôt « pic pic » à ses yeux. Ces précieux moments ont été vécus avec un ami proche, qui fera partie de sa «famille» pendant tout le reste de son existence. Jean-Louis Robillard et lui partageaient la féroce envie de se cultiver le plus possible, une façon, sans doute, d'échapper à leur condition.

À New York, René a aussi eu l'occasion de développer son goût du cinéma. Jean-Louis et lui se rendaient souvent au Beekman, sur la 2e Avenue. Le bar, situé derrière une grande vitre, les impressionnait d'autant plus qu'on y servait du café espresso – pour des gens venus d'un pays où l'on ne connaissait que le Maxwell House et le thé Red Rose, c'était une révélation.

Le premier grand film d'auteur que René a vu au Beekman est *Le septième sceau*, d'Ingmar Bergman, alors inédit au Québec. Il l'a trouvé un peu particulier, un peu dur à prendre même, mais c'est en regardant une œuvre de Bergman pour la première fois qu'il a découvert que, oui, du cinéma comme celui-là pouvait aussi exister. «Il n'enlevait rien aux autres, il ne leur donnait rien non plus, mais il existait.» C'était comme découvrir de nouveaux rayons dans une grande épicerie culturelle. Et pour lui, ce fut renversant.

Quand il évoque le cinéma de Bergman, qu'il a adoré, René a tout de suite le réflexe d'évoquer aussi celui d'Éric Rohmer, qu'il a détesté au point d'en faire un gag récurrent. Même s'il a aimé quelques œuvres du réalisateur du *Genou de Claire*, parmi lesquelles *L'arbre, le maire et la médiathèque*, il ne pouvait supporter «le vieux monsieur qui met des vieux mots dans la bouche de jeunes personnes». La préciosité «insupportable» du langage, le ton utilisé, tout cela le hérissait. Il précise aussi qu'il a presque autant «crié des noms» à Robert Bresson qu'à Éric Rohmer. Dans une émission d'*À première vue*, diffusée dans les années quatre-vingt, il se souvient avoir dit, après avoir vu *L'argent*, que le cinéaste devait se retirer, que ce qu'il proposait n'avait plus aucun sens. Il s'estime d'ailleurs chanceux d'avoir pu s'exprimer à une époque où les médias sociaux – et les tempêtes qui s'y rattachent – n'existaient pas. Sa sanction sans appel lui a quand même valu une volée de bois vert de la part des admirateurs du cinéaste. Il comprend d'ailleurs parfaitement la passion que mettent les gens à défendre des œuvres qu'ils apprécient.

En même temps, René se désole du caractère sectaire de la critique de cinéma. Encore aujourd'hui, beaucoup de gens ont selon lui du mal à seulement imaginer la possibilité de pouvoir apprécier «plein d'affaires différentes». À son avis, ceux qui portent toujours aux nues les films que réalise Jean-Luc Godard maintenant ne défendent plus son cinéma, mais plutôt le théoricien qu'ils admirent. Cela n'a plus rien à voir avec les films, mais plutôt avec une pure abstraction, «insupportable». Tant mieux pour ceux à qui ce genre de cinéma plaît toujours, mais il faut reconnaître qu'ils sont de moins en moins nombreux...

Contrairement à son ami Jean-Louis, qui rêvait de s'installer ailleurs, René n'a jamais eu envie de s'exiler. Il avait le sentiment – peut-être l'intuition – que Montréal s'épanouirait un jour. Il n'en pouvait être autrement de cette ville qui occupe une position unique, aux confins de deux cultures. Les années post-Duplessis lui ont donné raison. Au cœur des années soixante surviendra l'explosion collective. On ne dira jamais assez le rôle qu'a joué l'Exposition universelle de 1967 dans l'évolution du Québec et de ses habitants. «Quand le maire Jean Drapeau, qui a fait des affaires bien laides d'autre part, est parvenu à obtenir ça, tout s'est mis à changer», fait aujourd'hui remarquer René.

À PROPOS
DE MUSIQUE
ET DE CHANSON

À LA MAISON, NOUS N'ÉCOUTIONS PAS DE MUSIQUE, à part celle qui jouait à la radio. J'ai quand même découvert le classique – le tout premier genre de musique auquel je me suis intéressé – grâce aux concerts que le chef Wilfrid Pelletier organisait à la salle du Plateau pour les jeunes. Je devais avoir onze ou douze ans. J'étais en tout cas assez vieux pour prendre le tramway en partant du quartier Ahuntsic pour me rendre jusqu'au parc La Fontaine.

Wilfrid Pelletier était un grand chef, et un vieux monsieur charmant. Il proposait des pièces très simples, avec orchestre, en présentant les instruments et en expliquant aux jeunes comment la musique pouvait se faire, un peu comme dans le *Fantasia* de Disney.

À cette époque, un neveu de mon père, «vieux garçon», ingénieur chez Canadair, a habité chez nous pendant un moment. Il possédait une collection de disques assez imposante, dans laquelle on trouvait beaucoup de vinyles de couleur, ce qui se pratiquait beaucoup pour les disques classiques. Il m'était complètement interdit d'aller jouer dans ses affaires, évidemment, mais comme il travaillait à des heures normales, rien ne m'empêchait d'aller me faufiler dans sa chambre pendant le jour et de faire jouer ses disques, lorsque j'étais seul à la maison. J'ai écouté beaucoup de Beethoven, du Tchaïkovski en boucle, du Ravel aussi, en étant toujours frustré de devoir le faire ichette. J'ai apprécié la musique classique bien avant la chanson et la musique populaire.

Des années plus tard, quand je me suis mis à gigoter en écoutant du Bonnie Tyler, je me suis rappelé qu'à l'adolescence, je faisais exactement la même chose au son de la musique classique quand elle était costaude et entraînante. Je ne ressemblais pas tout à fait au petit Yannick Nézet-Séguin dans la publicité de lait, mais il y avait quand même un peu de ça. Cela peut paraître étonnant, mais mon initiation aux arts est vraiment passée d'abord par la musique classique. Aussi, ma mère était folle de l'émission qu'animait Liberace à la télévision et nous la regardions ensemble. Le personnage était très coloré, ponctuait son propos de sous-entendus qu'une grande partie de son public ne saisissait pas, mais il a tenu un rôle de vulgarisateur qui a très bien fonctionné. Ma mère le trouvait drôle et elle trouvait qu'il jouait vite!

J'aurais voulu apprendre le piano. Je ne l'ai jamais fait et ça reste l'une des grandes frustrations de ma vie. J'aurais sans doute pu m'y mettre quand mes parents ont hérité d'un piano, mais comme les affaires n'allaient pas très bien en ces temps-là sur le plan financier, ce piano m'est resté étranger. À part le fait que je l'ai peint en rouge, je ne l'ai pas utilisé. C'est dommage car à mes yeux, cet instrument est un orchestre à lui seul. J'ai toujours été très sensible aux pièces jouées au piano seul, ou aux chansons accompagnées d'un piano.

Grâce à des amis, je me suis aussi mis à m'intéresser à la chanson française, qui traversait alors une période spectaculaire. Jacques Brel, Léo Ferré, Jean Ferrat, Mouloudji, Bécaud, Aznavour, Barbara, bref, tous les grands de cette époque, y compris des gens tombés dans l'oubli comme Pia Colombo et Maurice Fanon. J'étais particulièrement attiré par le fait que tous ces artistes pratiquaient l'art de la chanson un peu comme du théâtre ou du cinéma. C'est-à-dire que chaque chanson racontait une histoire. Je crois que tout vient de là. Qu'il s'agisse d'un film, d'une pièce, d'un roman ou d'une chanson, j'aime qu'on me propose une histoire, qu'on me la raconte bien, et que la boucle soit bouclée à la fin. C'est probablement à cause de ça que j'ai un peu plus de mal à apprécier la poésie. J'apprécie moins qu'on me laisse en suspens !

Ma sœur n'écoutait alors que du Elvis Presley (je lui avais fabriqué une veste avec les lettres «Elvis» cousues derrière), mais je n'ai pas embarqué dans ce train-là. Du côté américain, j'appréciais davantage les ballades de Pat Boone ou les chansons des Platters, mais uniquement parce qu'elles se trouvaient dans l'environnement dans lequel on évoluait. La chanson française était beaucoup plus significative et l'impact qu'elle a eu sur l'imaginaire des jeunes était incroyable. Les chansonniers d'ici sont tous passés par cette école. Quand ils sont arrivés, ils ont pu tout de suite trouver un public car nous étions déjà initiés à cette forme d'art. On pouvait facilement «connecter» avec eux.

De cette époque, je garde un souvenir très vif de Claude Léveillée. Je me rappelle l'avoir vu, étudiant, sur une scène tellement trop petite pour son piano qu'il était obligé de chanter dos au public. Il a livré ses premières grandes chansons, *Le rendez-vous*, *La légende du cheval blanc* et tout ça, et à la fin, ce fut le triomphe. Absolu. Claude s'est retourné, quasiment en larmes, et il a dit : «Vous savez, ça faisait tellement longtemps que j'attendais ça !» On ne peut pas tricher pendant ce genre de moment. Nous avions vraiment le sentiment d'avoir assisté à quelque chose d'exceptionnel. J'ai adoré Gilles Vigneault, Pierre Calvé, Pauline Julien, Pierre Létourneau, Jean-Pierre Ferland, évidemment. Mais à mon sens, Léveillée a été le premier auteur-compositeur québécois urbain, qui racontait la ville à travers l'histoire de ses petites gens.

Quand j'étudiais à l'Université McGill, La boîte à Clairette, rue de la Montagne, était l'endroit que les étudiants de toutes les universités de la ville fréquentaient. Clairette Oddera était une chanteuse d'origine marseillaise qui chantait toutes sortes de choses mais qui, surtout, présentait plein d'artistes. Tous les chanteurs français et francophones de passage y allaient, parmi lesquels Jacques Brel, bien sûr. Même après ses spectacles dans les plus grandes salles, il venait ensuite systématiquement chez Clairette et il nous offrait des numéros improvisés fabuleux. Clairette présentait aussi de jeunes chansonniers québécois, mais à cette époque, les Français étaient quand même à un autre niveau. Sylvain Lelièvre était l'un des protégés de Clairette mais j'ai toujours eu du mal à accrocher. Il n'y a qu'une seule de ses chansons, bien des années plus tard, qui ait suscité en moi une véritable émotion. *Lettre de Toronto*, qu'il a écrite à la fin des années soixante-dix, s'inscrivait en plein dans l'air du temps où elle a été créée. La cruauté et le réalisme de cette chanson m'avaient jeté par terre.

Au début des années soixante, il était impossible pour des gens de vingt ans de rester indifférents au souffle que portaient alors les chansons québécoises. Pour Félix Leclerc, qui vivait à Paris au moment où je me suis intéressé à la chanson, *L'alouette en colère* est arrivée bien tard. Auparavant, il fallait entendre Claude Gauthier et son *Grand six pieds*, Pauline Julien et *La Manikoutai*, les chansons de Gilles Vigneault. Il y a eu aussi Les Bozos, ces auteurs compositeurs qui s'étaient regroupés autour de la boîte Chez Bozo, rue Crescent. Claude Léveillée en faisait partie, comme Hervé Brousseau, André Gagnon, Raymond Lévesque, Jacques Blanchet, Jean-Pierre Ferland et Clémence DesRochers. On ne célébrera jamais trop la grandeur de Clémence. Elle a tenu un rôle primordial sur le plan culturel car, avant elle, aucune femme n'avait jamais pris la parole de cette façon-là. Elle a écrit des choses sublimes. *La vie d'factrie* est une chanson extraordinaire, immense.

C'est aussi chez Les Bozos que j'ai pu découvrir Jean-Pierre Ferland. Pour moi, Jean-Pierre est un cas. Aucune de ses chansons ne m'a jamais déplu, les anciennes comme les plus récentes. Autant Léveillée incarnait pour moi l'urbanité, la tristesse, la mélancolie, autant Ferland évoquait davantage l'optimisme et la grande tradition de la chanson française, de laquelle il s'est beaucoup inspiré jusqu'à son album *Jaune*. Cet album-là, qui est souvent considéré comme le meilleur jamais produit au Québec – et je suis d'accord –, a été conçu en réaction à *L'osstidcho*, le spectacle qui a tout révolutionné au Québec en 1968.

L'osstidcho, auquel ont participé Mouffe, Louise Forestier, Robert Charlebois et Yvon Deschamps, a été le moment fondateur du milieu du spectacle, comme *Jaune* l'a été plus tard du côté du disque. On sentait bien que quelque chose se passait avec ce *show*-là, mais personne n'aurait pu deviner à quel point la résonance serait forte. Ce spectacle, créé au Théâtre de Quat'Sous, est très exactement tombé au moment où il fallait qu'il tombe. J'ai aussi vu le spectacle à Paris, alors que la salle était en furie – les Québécois assuraient la première partie d'une accordéoniste. Mais cette bande des quatre s'en foutait complètement. Les Français étaient souvent hostiles dans les salles de spectacle à cette époque. J'ai vu Bob Dylan se faire crier des noms à Bobino parce qu'il prenait trop de temps à remplacer une corde de guitare qu'il venait de casser. « *It's for you, fuckers, I'm doing that!* » avait-il répliqué.

Des amis très proches m'ont raconté à quel point Jean-Pierre Ferland, tout juste arrivé de Paris, était sorti de

L'osstidcho en larmes tellement il s'était rendu compte que sa carrière prendrait fin ce soir-là, à moins qu'il n'effectue rapidement un virage. *Jaune* fut la réponse, spectaculaire, au choc qu'il a ressenti face à ce spectacle. Quand le disque est sorti, j'ai écrit dans *La Presse* que cet enregistrement, qui avait coûté la peau des fesses, était la folie qu'il fallait faire pour que les choses avancent. Les disques-concepts existaient alors, un peu partout, mais pas encore au Québec. Jean-Pierre a mis beaucoup de travail dans ce disque, ce qu'il n'a pas toujours fait ailleurs. Aujourd'hui, quand il m'arrive de l'entendre de nouveau, je flotte. *Jaune* vit et vibre encore, tout comme *Soleil*, l'album qui a suivi. Il n'y a toujours rien qui bat *Sur la route 11* quand on prend la route. Ferland avait l'air du temps en lui. Il l'a toujours eu.

Le spectacle qui a suivi la parution de *Jaune* fut énorme. Ferland avait investi la Place des Arts en installant sur scène des pelles mécaniques, un bulldozer, une chorale de soixante enfants. Dans ma critique, j'ai écrit que le spectacle était bon mais qu'il était mal organisé, que les accessoires étaient mal placés. Jean-Pierre et son producteur Guy Latraverse n'ont jamais voulu l'admettre, mais Francine Chaloult, la relationniste, m'a pratiquement forcé à revoir le spectacle le lendemain afin que je constate comment toutes mes suggestions avaient été suivies. Ils se sont visiblement rendu compte que j'avais raison et ils ont apporté les modifications en conséquence. Il est très, très rare qu'une critique ait cet effet-là!

L'époque des chansonniers a aussi été marquée par l'arrivée de la chanson populaire. Pendant que Radio-Canada mettait les jeunes auteurs compositeurs en valeur dans une émission comme *Jeunesse oblige*, Télé-Métropole a littéralement créé une industrie de la chanson populaire avec *Jeunesse d'aujourd'hui*. C'était un tremplin fabuleux mais j'éprouvais un gros problème envers ces traductions et la manière de les faire, qui relevait du banditisme culturel. Les producteurs de cette époque, Pierre Nolès, Denis Pantis, Yvan Dufresne (qui était mon ami), et d'autres regardaient les titres qui figuraient sur les palmarès américains ou français et les adaptaient. Ils faisaient entrer leur artiste en studio l'après-midi pour apprendre la chanson, procédaient à l'enregistrement et l'artiste allait présenter la chanson à *Jeunesse d'aujourd'hui* le lendemain. Pas le moindre droit d'auteur n'était versé! Mais ça a marché très fort. Sous différents règnes, Télé-Métropole (aujourd'hui le réseau TVA) a toujours joué la même carte, laquelle nous mène aujourd'hui à *La Voix*. Ils ont régulièrement décroché des cotes d'écoute astronomiques avec ce genre d'émission, qui fait partie de leur culture d'entreprise.

Dans les années soixante, j'étais davantage Beatles que Rolling Stones, même si, bien sûr, j'ai aussi apprécié quelques chansons de la bande à Mick Jagger. J'ai même adapté *As Tears Go By* pour Jean Beaulne, avec qui je m'entendais bien. J'ai accepté sa proposition même si je n'avais jamais fait ça de ma vie. Au moment d'enregistrer la chanson dans un studio à New York, Jean n'arrivait jamais à entrer au bon moment. Je chante comme une casserole mais comme j'ai du rythme, je me suis exécuté deux ou trois fois pour lui indiquer le bon *cue*. Ils m'ont enregistré à mon insu mais ils ont eu l'élégance de me remettre la bande. Où se trouve cet enregistrement aujourd'hui? Je n'en ai aucune idée.

J'ai vécu Woodstock par l'entremise de Robbie Robertson, qui a longtemps été un ami. Il était là-bas avec The Band. Cette époque était une espèce de marmite bouillonnante et tout arrivait de partout en même temps. Il y avait mai 68 en France, la contestation de la guerre du Vietnam aux États-Unis, et la montée du sentiment indépendantiste chez nous.

Dans les années soixante-dix, de la même façon que nous étions Beatles ou Rolling Stones, au Québec, nous étions Beau Dommage ou Harmonium. Si je devais choisir, je crois que j'irais du côté de Beau Dommage car la sorte de maniérisme qui accompagnait la musique d'Harmonium m'a toujours agacé. Cela dit, je ne suis peut-être pas très objectif. Mon conjoint Pierre, qui a dompté de grands chorégraphes comme George Balanchine et Maurice Béjart, et de grandes stars de l'opéra, souhaitait réaliser une grande émission avec Harmonium, un peu comme l'a fait Martin Scorsese avec The Band. Il n'y est jamais parvenu. Il s'est rendu en Estrie, à la maison où le groupe s'était installé pour concevoir *L'heptade*, et il a attendu sur le balcon pendant deux semaines avant d'abandonner parce que les gars n'étaient jamais prêts. Sur le plan musical, Harmonium proposait des choses plus sophistiquées mais j'aimais aussi beaucoup les chansons de Beau Dommage, très urbaines, très ancrées dans le réel.

Au milieu des années soixante-dix est aussi venue la mode disco, à laquelle je n'ai pas adhéré du tout. Alors que j'animais le talkshow *Mesdames et messieurs*, le réalisateur Maurice Dubois m'a dit que Gloria Gaynor allait venir à Montréal et qu'il faudrait bien se pointer au Limelight. Nous étions assis juste devant elle alors qu'elle exécutait son tube *I Will Survive* et ça m'a quand même laissé complètement froid. Cette période a été courte mais elle a eu beaucoup d'influence sur la mode et le style de vie. On portait des jumpsuits avec de grosses ceintures sur les hanches. S'il y avait eu des iPhones à cette époque et qu'on avait capté des images de Lucie et Jean-Louis Robillard, Pierre et moi en train de déambuler sur la rue Sainte-Catherine, on rirait sans doute beaucoup aujourd'hui.

Au cours des années quatre-vingt, nous sommes tombés dans un énorme blues post-référendaire. Ce fut tragique pour toute l'industrie. Richard Séguin m'expliquait qu'avant de prendre son virage plus pop grâce à *Double vie* il en était réduit à faire des spectacles dans des sous-sols d'églises. Ce fut pareil pour Daniel Lavoie, qui fut sauvé plus tard grâce aux comédies musicales.

Au Québec, la comédie musicale d'envergure est née grâce à *Starmania*. Jusque-là, je n'étais pas très friand du genre, qui était très associé à ce qui se faisait à Broadway. Les spectacles d'approche plus moderne comme *West Side Story* (un chef-d'œuvre), *Hair*, *A Chorus Line* et *Jesus Christ Superstar* m'ont beaucoup plu mais ils relevaient de l'exception. La finale de *Jesus Christ Superstar*, au moment où la croix sur laquelle était crucifié Jésus s'avançait vers le public, m'avait subjugué, d'autant que les airs d'Andrew Lloyd Webber étaient remarquables.

Habituellement, je trouve le genre très étroit, trop construit sur un modèle ancien. Luc Plamondon et Michel Berger sont venus bousculer tout ça avec *Starmania*. J'ai eu la chance de voir le spectacle à sa création à Paris et toutes les grandes chansons qu'on retrouve dans cet opéra rock ont alors pris une dimension extraordinaire. Voir et entendre Fabienne Thibeault chanter *Le monde est stone* sur scène donnait des frissons. L'impact que cette œuvre a eu dans la francophonie, et ailleurs, est indéniable.

Au début des années quatre-vingt, Marc Drouin et Robert Léger sont arrivés à leur tour avec *Pied de poule*. Ce spectacle n'a pas été aussi marquant que *Starmania* sur le plan international mais son impact culturel n'en est pas moins grand. Drouin est doté d'un talent exceptionnel et son *show*, dans lequel il y avait des flashes hallucinants, s'adressait d'abord aux gens intéressés par la création. Dieu sait que je n'embarque pas facilement dans ce genre de proposition, mais j'ai adoré. Une nouvelle génération d'artistes s'est amenée – les Normand Brathwaite, Marc

Labrèche, etc. –, avec de nouvelles préoccupations et une nouvelle manière de les exprimer.

C'est aussi l'époque où Luc Plamondon a connu quelques-uns de ses plus grands succès, en écrivant notamment pour Julien Clerc, Martine St-Clair, Céline Dion et plein d'autres. Je me souviens du jour où Luc nous a lu le texte de *L'amour existe encore* – nous étions alors au pire de la crise du sida – et tout le monde pleurait. Cette chanson est géante. Cela dit, toutes celles qu'il a écrites dans les années soixante-dix pour Diane Dufresne et pour Renée Claude restent de grands classiques. À cette époque, les chanteuses devaient avoir de la voix mais aussi des textes à interpréter. Elles étaient toutes uniques en leur genre. Il n'y avait qu'une Gaétane Létourneau, qu'une Monique Leyrac, qu'une Renée Claude, et qu'une Diane Dufresne.

Luc a écrit d'autres comédies musicales par la suite, dont certaines ont moins bien marché. *Lily Passion*, qu'il a créée avec Barbara, a donné lieu à une chicane épique avec elle. Au début des années deux mille, *Cindy* fut un échec au point où cette comédie musicale, dont la musique était signée Romano Musumarra, ne fut jamais montée au Québec après sa création à Paris. Mais il y a eu aussi *Notre-Dame de Paris*, un immense succès qui a fait bien des petits en France. Aucune comédie musicale française n'est cependant parvenue à atteindre la qualité de ce spectacle dont les musiques ont été composées par Richard Cocciante, celui-là même qui a aussi mis en musique le texte de *L'amour existe encore*.

Les tentatives de création dans le domaine de la comédie musicale sont plutôt rares au Québec car la production de ce genre de spectacle exige des moyens considérables. *Belles-Sœurs*, l'adaptation de la pièce de Michel Tremblay en comédie musicale, m'a beaucoup impressionné. Les airs que Daniel Bélanger a composés pour l'occasion s'harmonisaient parfaitement avec le texte et le propos. L'aspect tragique de la pièce a été préservé, ce qui n'était pas tout à fait le cas avec *Sainte-Carmen de la Main*, qui a été montée ensuite.

De Tremblay, j'ai aussi vu *Demain matin, Montréal m'attend* à sa création en 1970 au Jardin des étoiles de Terre des hommes. Ma position était très délicate car mon conjoint Pierre était un ami très proche de François Dompierre, qui en a composé les musiques, un grand compositeur – les orchestrations qu'il a faites pour *Le tour de l'île* de Félix Leclerc sont inoubliables –, mais je n'ai pas accroché du tout. Chaque fois que cette comédie musicale est remontée, on parle beaucoup de *La complainte de Lola Lee*, qui est la chanson phare du *show*, mais elle m'a laissé tiède, même si elle était interprétée par Denise Filiatrault. Quand il n'y a pas d'atomes crochus entre un spectateur et un spectacle, il ne sert à rien de forcer les choses.

Douce France

Je sais, je sais, c'est le titre d'une vieille chanson, écrite et interprétée par un vieux poète, sur un vieux pays. Mais ce vieux pays, pour plein de gens de ma génération, représentait à la fois l'exotisme et une sorte de retour aux sources.

Aujourd'hui, et depuis un bon moment déjà, c'est plutôt en Asie du Sud-Est, ou en Amérique du Sud, ou en Chine, qu'on le traque, l'exotisme. Mais moi, c'est en France que j'ai connu mes premiers émois de voyageur.

À Paris, d'abord, juste au moment où André Malraux avait littéralement fait dégriser Paris, qui avait, trop brièvement, retrouvé la couleur dorée de ses pierres. Avec mon ami Jean-Louis, organisateur hors-pair de nos voyagements, j'ai découvert, émerveillé, la ville, sa culture – et les délices de sa gastronomie. Notre enthousiasme était tel que même les grilles du jardin du Luxembourg nous semblaient «ravalées» – en fait, elles avaient été repeintes, mais pour nous c'était kif-kif.

Gastronomiquement, ma plus grande aventure s'est déroulée des années plus tard, vers la fin des années quatre-vingt. J'avais été invité à faire la tournée des Relais et Châteaux de cette époque, de Paris jusqu'en Provence. Quinze jours de luxe et de volupté, que j'ai partagés avec mon ami Jean-Louis, pour la première partie, et avec mon copain Serge pour la seconde.

Le premier soir, je me souviens d'une panne d'électricité à l'Intercontinental, où on nous hébergeait, et que la direction avait réglée en installant partout d'énormes candélabres qui nous éclairaient comme dans *Barry Lyndon*, le film de Kubrick…

Cette longue balade s'est poursuivie, de tables dignes de *La grande bouffe* en hôtels de rêve, jusqu'aux Baux-de-Provence, avec chaque jour, midi et soir, des stops dans les meilleurs restaurants de la région.

Mais trop, comme chacun sait, frôle parfois le pas assez… Après un déjeuner somptueux chez les Frères Troisgros, à Roanne, nous nous sommes écroulés dans un champ (de blé, il me semble), où nous avons roupillé jusqu'à la nuit.

Chose exceptionnelle car, les autres jours, morts ou vifs, on «faisait» les châteaux, cathédrales et autres merveilles architecturales. Dont je garde un souvenir ébloui, mais tout de même un peu flou…

Les charmes de la France ne se retrouvent évidemment pas que dans ses assiettes. Chaque fois que j'y ai voyagé en TGV, les beautés et la variété des paysages m'ont enchanté. Car, au contraire de nos grands espaces nord-américains, où le renouvellement de l'environnement se produit lentement, on passe en France avec une rapidité confondante de végétation en aridité, de villes fortifiées à des forêts et à des vals verdoyants. Il suffit de cligner des yeux, ou presque, pour se retrouver soudain ailleurs.

On parle beaucoup, ces années-ci, et avec raison, de diversité. Mais c'est celle des contrastes de la contrée française qui, encore aujourd'hui, me ravit.

R. H.-R.

Chapitre 4

L'ÉVEIL DU JOURNALISTE

À l'époque où il poursuivait ses études à l'université en sciences politiques, René ne cherchait pas à devenir journaliste. Du moins, pas au début. Grâce à son amitié avec une camarade de classe, sœur d'un reporter de la section « Spectacles » du *Petit Journal*, il a pu manifester sa volonté d'obtenir un emploi saisonnier dans un journal afin de pouvoir payer ses études. Son séjour à Ottawa n'aura, en fait, duré qu'un an. Embauché au *Petit Journal* à titre de correcteur à la pige, il menait désormais une vie plus difficile à gérer. Il devait en outre rentrer de la capitale au beau milieu de la semaine – au moins une fois – pour s'acquitter de sa tâche. Aussi décida-t-il d'abandonner l'Université d'Ottawa – et le fameux bac – pour poursuivre ses études à l'Université de Montréal, toujours en sciences politiques.

Serge Dussault, alors patron de *Photo Journal*, a un jour demandé au correcteur s'il avait envie d'aller voir un film et d'en rédiger la critique. En cet automne 1965, *The Agony and the Ecstasy* était présenté au Princess, l'ancêtre du Parisien, un cinéma dont les portes ont été à jamais fermées en 2007. Au souvenir de René, cette salle présentait toujours de mauvais films. Il est vrai que, malgré la notoriété du réalisateur Carol Reed (*The Third*

Man, Oliver!), et la présence des deux têtes d'affiche (Charlton Heston et Rex Harrison), ce drame, dont le récit est construit autour des rapports tendus entre Michel-Ange et le pape Jules II au moment où le plafond de la chapelle Sixtine fut peint, n'est pas passé à l'histoire, malgré ses cinq nominations aux Oscars (principalement dans des catégories techniques).

« Michel-Ange et son Jules ». Tel est le titre coiffant la toute première critique de film que René Homier-Roy a publiée dans un journal. Son sens inné de la formule faisait déjà mouche. La piètre qualité d'un long métrage pouvait lui inspirer un texte aussi féroce que « distrayant ». D'autant qu'en ce temps où le cinéma québécois était inexistant ou presque, toutes les écluses étaient ouvertes. Le journaliste pouvait se permettre une approche grinçante, dénuée de toute autocensure, car il savait très bien que les artisans de la production honnie, en France ou aux États-Unis, n'auraient jamais l'occasion de le lire.

Serge Dussault, qui fut ensuite longtemps critique de cinéma à *La Presse*, a offert à René un poste régulier à *Photo Journal* en lui faisant d'abord promettre de terminer ses études universitaires. N'en faisant qu'à sa tête, René a abandonné l'université avant d'obtenir son diplôme et n'a plus jamais regardé en arrière.

Fondé dans les années vingt par les frères Roger et Roland Maillet, le *Photo Journal* abritait aussi la rédaction du *Petit Journal*, également propriété des frères. Les deux publications partageaient la même salle de rédaction mais restaient étanches au chapitre de la permutation des journalistes. La distinction entre les deux hebdos de format tabloïd était la suivante : le contenu du *Photo Journal* était axé sur les vedettes, et la vocation du *Petit Journal*, qui faisait directement concurrence à *La Patrie*, était plus généraliste. Du côté des quotidiens, *La Presse* était bien établie depuis très longtemps.

Pour un journaliste, passer du *Photo Journal* au *Petit Journal* revêtait l'allure d'une promotion au sein de l'entreprise. Quitter ensuite le *Petit Journal* pour aller travailler à *La Presse* était une forme de consécration. Dans la salle dirigée par Laurent Côté, des gens comme Louise Cousineau, Lysiane Gagnon, Alain Stanké, Colette Chabot, Danielle Sauvage, Janette Bertrand, Dominique Robertson, et bien d'autres, ont établi leur réputation. Même Chantal Renaud, qui devait plus tard devenir l'une des chanteuses populaires les plus aimées des Québécois (et une amie très proche), y fut un temps journaliste. «Une formidable école», dit René.

L'approche plus impertinente n'était pas répandue dans le monde de la presse écrite à cette époque, du moins, pas dans les critiques. Pour un jeune chroniqueur dans la fleur de la vingtaine, l'univers apparaissait alors bien *straight*. D'autant que tous les gens liés à ce milieu semblaient être «hors d'âge» à ses yeux. En plus d'être «vieux» de mentalité depuis toujours, ils n'osaient jamais mordre la main qui, pensaient-ils, les nourrissait, et agissaient toujours comme s'ils craignaient de voir leur nom rayé d'une liste d'invitations. Les règles éthiques étaient parfois poreuses, sinon inexistantes.

Dans cet environnement trop beige à son goût, René a voulu se distinguer. Il n'a pas mis beaucoup de temps à se faire remarquer.

«Quand j'ai commencé à écrire, je ne me suis pas mis à crier systématiquement des noms tout le temps, mais la qualité moyenne des films qu'on nous proposait à Montréal n'était pas très bonne. Mis à part le cinéma Élysée, qui, heureusement, offrait des œuvres intéressantes, on mettait surtout à l'affiche de la merde américaine. Les films français étaient plus rares. De toute façon, entre un film français moyen et un mauvais gros film américain, je préférais de loin aller voir le mauvais gros film américain parce qu'il me donnait l'occasion de danser la claquette beaucoup mieux!»

René agissait ainsi à titre préventif. Il prétend toujours que le rôle des critiques n'est pas de dire aux gens quoi faire mais de les éclairer. Voilà pourquoi il se définira pendant des années comme un «spectateur professionnel». Son rôle n'est pas de critiquer les films de façon pointue, mais de brasser la cage, et ainsi, peut-être, donner aux gens l'envie d'aller voir un bon long métrage et de fuir le navet. Au cours des années où il a sévi à l'écrit, la deuxième option, il est vrai, était beaucoup plus fréquente. Il estime que cette approche plus franche permet au public de s'ajuster à la personnalité du critique, qui attire ou qui révulse, c'est selon.

«J'ai souvent essayé de faire comprendre ce concept, explique-t-il. À mon avis, le commentateur ou le critique qui me fait suer, qui ne partage pas du tout mes goûts, est au moins aussi appréciable que celui avec qui j'ai des atomes crochus. Sinon, à qui pourrait-on se fier? Il faut que les gens comprennent assez clairement où on loge.»

Il convient de préciser qu'au cœur des années soixante, au moment où René a commencé à aiguiser ses dents, les débats sur le cinéma étaient beaucoup plus passionnés qu'ils ne le sont aujourd'hui. Dépêché par le *Petit Journal* au Festival de Cannes en 1966, où il se rendait pour la première fois, le fougueux reporter en est presque venu aux coups avec un détracteur d'*Un homme et une femme*, le film de Claude Lelouch qui a obtenu la Palme d'or. Le drame romantique n'avait pas, selon lui, l'ampleur d'un chef-d'œuvre, mais René avait la ferme conviction qu'un changement était en train de s'opérer dans le cinéma français traditionnel, grâce à l'approche de Lelouch. « En fait, c'était un excellent film, dont on parle encore aujourd'hui, avec raison ! » dit-il.

Sur la Croisette, on se fait habituellement une gloire de monter les marches du Palais des festivals, mais René peut se vanter d'être l'un des rares à les avoir... déboulées ! En sortant de la salle et en descendant le grand escalier, le ton entre les « pro » et les « anti » Lelouch a monté. Un Québécois très snob, qui parlait avec un accent pointu dès qu'il posait le pied sur le territoire de ses ancêtres, ne trouvait évidemment aucune vertu à *Un homme et une femme*, si ce n'est celle d'être à ses yeux une merde absolue. En se chamaillant un peu avec cet homme, ce qui devait arriver arriva : les deux compatriotes ont raté une marche, et déboulé l'escalier ensemble. Quand ils ont fini par se relever, leur colère était encore bien chaude mais les deux festivaliers ont eu le bon goût de ne pas pousser leur colletage plus loin. « Quand je raconte ça, les gens s'imaginent qu'on en est venus aux poings – ce n'est pas le cas – mais c'était quand même assez intense ! » se rappelle-t-il.

René a eu la chance d'exercer son métier de journaliste à une époque où le Québec commençait à bouillonner sur le plan culturel. Claude Jutra a fait entrer le cinéma d'ici dans la modernité en 1963 avec *À tout prendre*. L'Exposition universelle de Montréal, tenue en 1967, fut un moment charnière de notre histoire sur le plan social et culturel. L'année suivante, *L'osstidcho*, un spectacle de chanson et d'humour auquel ont participé Mouffe, Louise Forestier, Yvon Deschamps et Robert Charlebois, a révolutionné le monde du spectacle. L'album *Robert Charlebois et Louise Forestier*, sur lequel figuraient notamment *Lindberg* et *Engagement*, en a fait de même du côté de la chanson. Au même moment, sur la scène du Théâtre du Rideau Vert, *Les Belles-Sœurs*, la toute première pièce de Michel Tremblay, faisait scandale – et salle comble.

La bonne réputation de René Homier-Roy a fait en sorte qu'en 1969, alors qu'il n'a même pas encore atteint la trentaine, *La Presse* lui a confié le mandat de diriger «Spec», une toute nouvelle section consacrée à l'actualité artistique, destinée à une clientèle plus jeune. Pour le quotidien de la rue Saint-Jacques, il s'agissait là d'un tournant, voire d'un contre-emploi. La direction cherchait quelqu'un pour faire «swingner» ce projet et s'apprêtait, semble-t-il, à embaucher un «tata». Claude Gingras, déjà journaliste à la section des «Arts et spectacles», est intervenu en suggérant le nom de son collègue du *Petit Journal*.

Une fois le poste obtenu, René a toutefois dû composer avec un nouvel élément: les règles syndicales. Le personnel du *Petit Journal* était régi par une convention collective, mais pas de façon aussi stricte que celui de *La Presse*. Son talent de négociateur étant utilisé à bon escient, René a pu poser ses conditions et avoir son mot à dire dans l'embauche des gens avec qui il souhaitait travailler. Le seul combat qu'il ne pourra gagner concerne l'occupation des lieux. D'abord installée dans le petit «racoin» de *Perspectives*, un magazine distinct autrefois encarté dans le journal du samedi, la bande du «Spec» a dû réintégrer la grande salle de rédaction. Les jeunes loups ont été relocalisés dans une rangée de pupitres jumelée à la section des «Arts et…» (prononcez «Zarzé»), le surnom qu'on donnait alors à la *vraie* section des Arts.

En lançant «Spec», un encart très différent de forme, la direction de *La Presse* souhaitait attirer une nouvelle clientèle et, ce faisant, stimuler davantage ses ventes publicitaires. Même si la nouvelle section, très lue, a beaucoup fait parler, l'impact ne fut guère significatif au chapitre des revenus. Avec le recul, René estime que l'idée n'était pas si géniale sur le plan du marketing non plus.

En plus de diriger la section, René signait plusieurs critiques de spectacles et de films. Il attirait le lecteur en écrivant une présentation sous forme d'éditorial, et mettait son grain de sel un peu partout. Son style incisif, qui a fait sa renommée, est alors bien mis en valeur. Il se rappelle avoir été particulièrement sévère envers France Castel. La future animatrice de *Pour le plaisir* assurait la première partie du spectacle de l'imitateur Claude Landré à la Place des Arts. Selon le souvenir que René garde de ce tour de chant, France Castel imitait le style de Janis Joplin. La chanteuse et son pianiste, Roger Gravel, arboraient de surcroît d'affreux ponchos. Dans sa critique, publiée le lendemain, René les a carrément sommés d'arrêter. Non seulement le spectacle était ridicule à regarder, mais il était tout aussi pénible à entendre. La moitié de l'article était consacrée au caractère unique de Janis Joplin et l'auteur insistait sur le fait que toute tentative d'imitation était forcément vouée à l'échec. En revanche, dans la dernière partie du texte, Claude Landré, qui avait offert un très bon *show*, avait trouvé grâce à ses yeux.

Reconnaissant avoir été très *rough* avec elle, René a longtemps cru que France Castel ne lui adresserait plus jamais la parole. Y aurait-il un lien direct entre cet accrochage et le fait que la chanteuse n'ait ensuite jamais offert de spectacle en solo?

Une quarantaine d'années plus tard, France Castel et lui se sont retrouvés sur le plateau de *Viens voir les comédiens*, une émission diffusée sur la chaîne

ARTV dans laquelle René menait de grands entretiens. L'animateur ne cache pas que la chanteuse, également comédienne, faisait partie des personnalités dont il redoutait la présence. «Elle est venue, elle a été hyper agréable, et j'ai souvent revu cette femme charmante par la suite, explique René. Cela me laisse croire que l'effet d'une mauvaise critique ne dure pas éternellement. Je me souviens avoir dit aussi beaucoup de mal de Gilles Renaud, alors qu'il en était encore au début de sa carrière. Il a inventé la *Gilles Renaud School of bad acting*, avais-je dit. Quand tu lances quelque chose comme ça, tu ne te fais pas d'amis, c'est certain. Mais j'avais raison car il a souvent été très faux à ses débuts. Ce n'est que plus tard qu'il est devenu un grand acteur. Quand on l'a reçu à *Viens voir les comédiens*, il n'y a eu, encore là, aucun problème.»

René ne déteste pas relire ses vieux articles. Selon son analyse, il n'est jamais allé trop loin, malgré une intransigeance de bon aloi par moments. «J'étais quand même lucide, dit-il. Je n'écrivais jamais soûl mort ou complètement *stoned* non plus. Bien sûr, mes impressions étaient colorées par ma personnalité. À relire certains de ces trucs-là, je revis complètement les expériences que j'ai vécues. Cette époque était formidable!»

Trois ans après sa création, la section «Spec» fut démantelée. René a dû intégrer la section des Arts en ayant le sentiment d'être dépossédé de tout. Le plaisir n'étant plus au rendez-vous, il a quitté *La Presse*. D'autres aventures l'attendaient ailleurs de toute façon.

Sur le tas

C'est ironique, et sans doute prétentieux, mais c'est comme ça : j'ai appris à écrire sur le tas, en corrigeant les textes des autres. Pour payer mes études (deux fois universitaires, deux fois brèves), je me suis trouvé un emploi de correcteur. D'épreuves, d'abord, dans un mini-cagibi de l'imprimerie du *Petit Journal*. Et, au début, ces épreuves étaient celles des horaires de la télé – il faut plus de concentration que de lettres pour faire ce job-là.

Autant j'ai détesté – haï serait plus juste – l'odeur et le vacarme de l'usine de la Continental Can, autant ceux de l'imprimerie m'ont, tout de suite, plu. Le plomb, l'encre, mais aussi le cliquetis des machines qui préparaient les fontes, le bruyant ronronnement des rotatives, la camaraderie un peu brusque des typographes, tous ces aspects physiques d'un travail essentiel au passage du texte à l'imprimé me fascinaient. Des années après, devenu journaliste, j'étais le seul que le contremaître bourru laissait venir tripoter le produit du travail de ses artisans.

Tout ça plus tard, bien sûr. Après la correction des horaires, j'ai corrigé les épreuves, puis les morasses, dernière étape avant l'impression du journal. Et, plus tard encore, les textes pas encore définitifs des journalistes de la salle de rédaction. Je ne sais plus si c'est de la chance ou du culot, mais très vite le patron des correcteurs, monsieur Séguin, qui arborait avant le temps une coiffure à la René Lévesque, m'a pris en affection. Et c'est de lui que j'ai appris comment se construisait un paragraphe, l'usage de la ponctuation, le rythme des phrases. Toutes choses que, techniquement, je connaissais, forcément, mais que j'ai alors intégrées. Pour toujours.

J'ai d'ailleurs attrapé à cette époque une manie qui m'a habité longtemps : lorsque je lisais un journal, un magazine ou un livre, j'avais toujours à la main un crayon. Avec lequel je corrigeais les fautes que je débusquais avec un plaisir pervers. Cette manie m'a passé, mais elle me revient parfois, avec la virulence d'un urticaire, lorsque je lis le *gibberish* qui, en cette ère de réseaux sociaux, sert de moyen de communication à trop de mes semblables... Ça ne donne rien, les morons continuent d'écrire au son, mais ça soulage...

R. H.-R.

À PROPOS
DE THÉÂTRE

Les plus jeunes ont sans doute du mal à imaginer le rôle essentiel qu'a joué la télévision de Radio-Canada dans l'éducation des gens de ma génération, mais aussi de celle de mes parents. Peu de temps après son arrivée, en 1952, Radio-Canada a commencé à diffuser des téléthéâtres que nous regardions religieusement. On nous montrait plein de choses, principalement des pièces classiques, du Molière, du Shakespeare, du García Lorca aussi. Les acteurs provenaient bien entendu du théâtre et ne maîtrisaient pas toujours bien la technique de la télévision, de sorte qu'ils projetaient beaucoup trop pour la caméra, mais nous n'en faisions pas de cas, étant donné que nous n'avions aucune référence. On ne savait pas ce qu'était un bon acteur, ni à quoi ressemblait de la bonne télé.

Il arrivait parfois que de bons réalisateurs s'emparent de ces pièces et le résultat, en plus de nous impressionner, nous a permis de découvrir des acteurs extraordinaires comme Monique Miller, Dyne Mousso, Jean-Louis Roux, Gabriel Gascon et tant d'autres. Cet intérêt m'a poussé, vers l'âge de dix-sept ou dix-huit ans, à fréquenter les théâtres de poche de Montréal. Monique Lepage et Jacques Létourneau dirigeaient le Théâtre-Club dans l'ouest de la ville, pas très loin de Radio-Canada. Françoise Berd venait de fonder le Théâtre de recherche l'Égrégore. On se rendait aussi au Théâtre La Poudrière à l'île Sainte-Hélène, que Jeanine C. Beaubien a dirigé pendant vingt-cinq ans. On y présentait des choses assez françaises mais pas seulement.

On y montait parfois des pièces américaines, et aussi, très rarement parce qu'il y en avait peu, des œuvres québécoises.

Je ne me souviens pas vraiment de ma première visite dans un théâtre. À l'époque où j'ai grandi, il n'y avait pas de programme initiatique pour le théâtre comme il en existait pour la musique classique grâce à Wilfrid Pelletier. Quand mon conjoint Pierre est arrivé dans ma vie, au début des années soixante, il connaissait déjà tout ce monde-là, et à titre de réalisateur à Radio-Canada, il était invité à toutes les premières. J'ai toujours détesté ce genre de soirée mondaine car j'ai l'impression que les gens sont alors en représentation continuelle, comme un trip de gang que les gens de théâtre s'organisent entre eux. Je refusais d'accompagner Pierre aux premières mais quand il savait qu'une pièce ou un spectacle m'intéressait, il s'arrangeait pour qu'on s'y rende un autre soir.

Gratien Gélinas avait déjà marqué les esprits grâce à *Tit-Coq* et *Bousille et les Justes*, mais l'arrivée de Marcel Dubé a aussi eu un impact très grand. Sa pièce *Zone* arpentait la même «talle» populiste que les pièces de Gélinas, de façon différente, et le public d'ici a pu s'identifier pour la toute première fois à des personnages de théâtre. On a toujours l'impression que le théâtre québécois a commencé avec Michel Tremblay mais ça n'est pas le cas, lui-même le reconnaît. Quand il est arrivé avec *Les Belles-Sœurs*, les autres avaient déjà préparé le terrain. Mais son talent était tel qu'il a fait de l'ombre à tous ceux qui étaient là auparavant.

En 1968, j'ai assisté à la création des *Belles-Sœurs* au Théâtre du Rideau Vert. Denise Filiatrault avait beaucoup insisté auprès des deux dames qui dirigeaient le théâtre, Yvette Brind'Amour et Mercedes Palomino, afin qu'elles acceptent de monter cette pièce qui ne cadrait pas du tout avec celles qu'elles présentaient habituellement. On peut d'ailleurs dire que la création de cette pièce mythique au Rideau Vert ressemble à un accident de parcours. Denise a repris le flambeau de ce théâtre des dizaines d'années plus tard et elle accomplit un travail remarquable en proposant toujours un programme bien équilibré. Elle ne se doutait sans doute pas que le destin la rattraperait de cette façon.

Nous étions conscients de l'importance de l'événement *Belles-Sœurs*, surtout à cause de tout le débat que la pièce a suscité à propos de l'utilisation de la langue. On a compris plus tard que Tremblay n'avait pas copié cette langue sur le joual, mais qu'il l'avait inventée, en jouant avec les sonorités. L'impact de cette pièce fut phénoménal, et l'effet d'entraînement fut très concret.

J'avais apprécié *Les Belles-Sœurs* à sa création, mais pour moi, le vrai choc que j'ai ressenti pour une pièce de Tremblay est survenu dans les années quatre-vingt, grâce à *Albertine, en cinq temps*. Je me souviens avoir vu cette pièce avec Suzanne Lévesque. Nous étions tellement émus, tellement bouleversés que nous n'avions plus conscience de l'environnement dans lequel nous étions, et nous nous sommes même engagés en voiture rue Saint-Denis en sens contraire à la circulation !

Je dois d'ailleurs au metteur en scène André Brassard quelques-unes de mes plus grandes émotions théâtrales. Je ne crois pas que la carrière de Michel Tremblay aurait été aussi illustre sans lui, et vice versa. Leur association est comme une rencontre cosmique entre deux êtres dotés de talents exceptionnels, que la vie, qui peut pourtant être bien ratoureuse parfois, a réunis, sans que jamais ne surgisse le moindre conflit entre eux. Ce que Brassard a fait de la pièce de Michel-Marc Bouchard, *Les Feluettes*, demeure à jamais l'un de mes grands souvenirs aussi.

Au début, les références du théâtre québécois étaient essentiellement françaises mais n'oublions pas que Jean

Duceppe a beaucoup contribué à faire connaître le bon théâtre américain aux Québécois. Il avait bien saisi que les grandes pièces du répertoire américain pouvaient difficilement nous laisser indifférents car nous sommes avant tout des Nord-Américains. Cette dramaturgie nous est forcément plus proche.

À l'époque où j'étais chroniqueur à l'émission radio-phonique de Suzanne Lévesque, dans les années quatre-vingt, j'allais voir cinq spectacles par semaine, dont au moins une pièce de théâtre, souvent montée par de petites compagnies dans des théâtres expérimentaux. Une bonne amie, Mireille Lagacé, m'accompagnait toujours, même si les pièces étaient supportables environ une fois sur dix. Nous étions alors dans la période – terrifiante – des créations collectives. Un soir, nous nous rendons à un petit théâtre, boulevard Saint-Laurent, où nous étions environ dix spectateurs pour autant de comédiens sur scène. Quand nous sommes revenus après l'entracte, une grande toile était posée par terre, sur laquelle on avait déposé des morceaux de briques concassées, que les comédiens ont secouée pour créer une illusion de brouillard. Même complètement recouverts de poussière, nous sommes restés jusqu'à la fin (on est toujours pris en otage dans ces endroits-là), mais j'ai poussé le cri primal en sortant. Et Mireille de me dire : «Plus jamais!»

On s'enrage sur le coup mais ce type de mésaventure indique quand même l'évolution remarquable qui a eu cours sur le plan de la scénographie au Québec. *Le Dortoir*, qu'a conçu et mis en scène Gilles Maheu, m'a bouleversé. Dans ce spectacle, il a magnifiquement su intégrer la danse, le théâtre, les sentiments, le mouvement. Nous avions l'impression d'assister au Québec à la naissance d'un théâtre vraiment contemporain.

Ce qui se passe ici dans le domaine théâtral est fabuleux, et largement dû, je crois, à Robert Lepage.

À l'époque de *Vinci*, ce qu'il proposait était déjà très spectaculaire. Je ne me suis jamais remis des *Plaques tectoniques* non plus. Lepage a tout changé en imbriquant l'être et le paraître dans des œuvres toujours en évolution, et la structure scénique devient alors un personnage à part entière.

Robert Lepage fait partie de ces créateurs qui peuvent réinventer les classiques. Cela n'est pas donné à tout le monde, remarquez. Il n'est pas dit que les classiques doivent absolument être réinventés non plus. À la Comédie-Française, j'ai vu des pièces de Molière à tomber de bonheur. J'ai aussi vu ailleurs des classiques intelligemment renouvelés, mais la réussite dépend toujours du talent des gens concernés. Il serait peut-être intéressant de voir une pièce classique montée de façon traditionnelle un soir, et de voir une version revisitée le lendemain. Patrice Chéreau a fait des choses extraordinaires à cet égard. De grands metteurs en scène comme Serge Denoncourt, René Richard Cyr et Claude Poissant peuvent aussi s'y attaquer chez nous.

J'estime qu'en général, les théâtres du Québec sont bien dirigés. Évidemment, il y a eu des périodes plus creuses, comme le règne catastrophique d'Olivier Reichenbach au Théâtre du Nouveau Monde, mais on assiste à un bel équilibre présentement. Le théâtre étant souvent une affaire de clans, plus que dans tout autre domaine je crois, la tentation du copinage est forte. Je comprends qu'un créateur puisse aimer travailler avec des gens qu'il aime, tant qu'il reste quand même ouvert aux autres afin d'éviter que tout cela se transforme en une espèce de secte. C'est pareil partout, cela dit. Balanchine reprenait souvent les mêmes danseurs, Béjart aussi, mais sans que ça fasse de l'ombre aux autres.

De la même manière qu'on peut trouver au cinéma de bons films d'auteurs populaires, j'estime que le théâtre à vocation populaire et le théâtre de création peuvent aller de pair. Michel Tremblay en est le plus bel exemple. Michel-Marc Bouchard et quelques autres aussi. Ce clivage a dû exister à l'époque de Gratien Gélinas et il a dû beaucoup en souffrir car nous étions alors à l'époque de la «grande culture française». Une fois calmée la vague de ce qu'on appelait alors les théâtres d'été, Denise Filiatrault a réglé tout ça en disant qu'elle faisait du théâtre EN été, nuance. Elle a eu parfaitement raison.

C'est dire qu'on en a fait du chemin depuis l'époque des téléthéâtres. Nous avons encore droit à des captations parfois, diffusées très tard par le diffuseur public, comme pour se dédouaner, mais il est maintenant impossible de créer le même genre d'engouement. Je me demande même si le théâtre traditionnel pourra encore survivre longtemps dans sa forme actuelle. Robert Lepage a tout réinventé, mais, quoi qu'il arrive, j'aurai toujours une admiration sans bornes pour les acteurs et les actrices car leur travail consiste à fabriquer de la magie. C'est un métier très dur mais fabuleux pour nous, qui n'avons pas ce talent.

Chapitre 5

LE VÉRITABLE APPRENTISSAGE

Même s'il a fait de nombreuses découvertes de jeunesse en compagnie de son ami Jean-Louis Robillard, René doit son véritable apprentissage culturel à Pierre Morin, l'un des premiers grands réalisateurs de Radio-Canada, qu'il a rencontré dans sa jeune vingtaine, un soir par hasard, chez des amis communs.

Ce ne fut pas le coup de foudre entre eux, mais René, alors âgé de vingt ou vingt et un ans («On s'est toujours obstinés sur l'année de notre rencontre!» dit-il), a eu le sentiment d'avoir établi ce jour-là, pour une première fois, un contact exceptionnel avec quelqu'un. Ce lien, solide, tiendra pendant des décennies.

Grâce à cet homme de sept ans son aîné, avec qui il partagera sa vie pendant cinquante ans, René s'initie à de nombreuses disciplines artistiques, parmi lesquelles la danse moderne. Spécialiste du domaine, Pierre était reconnu pour savoir bien mettre en valeur la danse dans les grandes émissions qu'il réalisait. Avant de le rencontrer, René ne pouvait pourtant pas «blairer» ce genre de spectacle. Il se rappelle un voyage à New York où il a accompagné Pierre à contrecœur, alors que ce dernier avait rendez-vous avec George Balanchine – rien que ça! – afin de préparer une émission. Il s'était dit que s'il devait voir un spectacle de danse, au pire, il dormirait en essayant de ne pas trop ronfler.

Ce soir-là, le couple a vu *Ivesiana*, un ballet dont Balanchine a signé la chorégraphie, sur une musique de Charles Ives. René fut complètement subjugué. De la danse, il ne connaissait jusque-là que des chorégraphies qui relevaient quasiment de «l'expression corporelle». Rien à voir avec ce Balanchine, l'un des plus grands artistes du XXe siècle, qui préconisait un vocabulaire différent de celui du ballet classique. Un autre langage fut inventé grâce à lui, un peu comme le fera Maurice Béjart quelques années plus tard.

Le conjoint de René était d'une nature discrète, mais il savait établir un contact immédiat et chaleureux avec les artisans du monde de la danse, qu'il aimait profondément. Il travaillait en étroite collaboration avec les chorégraphes, et il était en mesure de leur expliquer sa démarche télévisuelle dans les moindres détails. Plusieurs d'entre eux se sentaient rassurés d'être dans d'aussi bonnes mains. Ils avaient d'ordinaire plutôt tendance à se méfier des captations à la télévision, par crainte que leur art soit dénaturé.

En général, il suffisait d'une seule journée de travail et la pleine confiance lui était accordée, même par les plus grands. À Paris, s'il tombait sur lui par hasard, Maurice Béjart était toujours heureux de rencontrer Pierre et de l'accueillir. Chaque fois, René en était impressionné.

Pierre adorait particulièrement la «grande» culture. Il a fait beaucoup d'efforts pour la rendre accessible en mettant toujours en valeur le talent des autres. Quand il est arrivé chez le diffuseur public au cours des années cinquante, la télévision en était à ses premiers balbutiements et comptait sur de jeunes loups comme lui – Roger Fournier, Jean Bissonnette – pour apprivoiser ce tout nouveau média. *Rolande et Robert* est la première émission que Pierre a réalisée. Lui, Robert L'Herbier, chantait, et elle, Rolande Desormeaux, jouait de l'accordéon. L'Herbier appréciait tellement le travail de Pierre qu'au début des années soixante, au moment où il est devenu le directeur des programmes de Télé-Métropole, il a tout tenté pour essayer de le « débaucher » et de le convaincre de venir exercer son art à la station privée. Pierre étant davantage attiré par la création que par les sous, les ponts d'or qu'on lui a offerts n'ont pas suffi.

Au début des années soixante, les possibilités que Radio-Canada lui offrait sur le plan créatif étaient telles qu'il était difficile d'imaginer pouvoir obtenir le même genre de conditions ailleurs. Bien des années plus tard, René a fait la même constatation en pilotant l'émission radiophonique du matin, impossible à produire ailleurs de la même façon. Il ne s'agit pas tant d'une question d'argent que de culture d'entreprise, ce que Pierre avait compris très tôt. Le réalisateur est donc resté à la société d'État jusqu'à sa retraite, s'attardant à porter au petit écran beaucoup de récitals, de concerts, d'opéras, et beaucoup de danse. René dit de son conjoint qu'il s'est vraiment accompli dans ce genre d'émissions, qu'il élaborait avec une très grande minutie, en ne négligeant aucun détail. « Personne ne s'en souvient maintenant, mais mon statut n'est en rien comparable à celui qu'avait Pierre dans le milieu, même s'il restait toujours très discret. Il vivait très bien avec ma notoriété. Non seulement elle ne le dérangeait pas, mais il l'encourageait. »

Les parcours professionnels des deux hommes ne se sont pourtant jamais croisés, dans la pratique. Il y eut de petits coups de pouce ici et là, des clins d'œil, et un intérêt mutuel manifeste pour la bonne marche de leur carrière respective. Dans un opéra qu'avait réalisé Pierre pour la télé, René était costumé en valet. Son rôle : transporter deux immenses coupes de champagne, coupes que René garde encore précieusement aujourd'hui.

Après avoir obtenu un Emmy Award en 1965 grâce à sa réalisation de l'opéra de Rossini, *Le barbier de Séville* (mis en scène par Paul Buissonneau), Pierre a été inondé de propositions, venues de partout dans le monde, souvent assorties de budgets imposants. Mais sa mère étant encore vivante, il hésitait à s'éloigner. À vrai dire, René a appris l'existence de toutes ces propositions plusieurs années plus tard. En 1976, Pierre s'est fait offrir la réalisation des cérémonies d'ouverture et de clôture des Jeux olympiques de Montréal mais il a décliné. « Il trouvait ça trop quétaine », explique René.

L'initiation à la culture passe aussi par la gastronomie. Comme plusieurs de ses compatriotes, René s'est ouvert à cette forme d'art à l'Expo 67. S'il a pratiquement essayé tous les plats sur le site, il s'est toutefois refusé à aller manger au restaurant du pavillon de l'Italie parce que, selon une idée reçue dans les foyers québécois, la nourriture italienne se limitait au spaghetti *meatballs*. « Pourquoi diable aller manger ça à l'Expo ? » se disait-il, sans penser une seule seconde que la gastronomie du pays de Dante ne se limitait peut-être pas seulement au menu qu'on retrouve dans les restaurants montréalais. Cela lui fut d'ailleurs confirmé l'année suivante.

Pour le compte du *Petit Journal*, René s'est rendu à Rome afin de réaliser un reportage à propos du tournage de *The Secret of Santa Vittoria*, un film réalisé par Stanley Kramer. Grâce à ce voyage, René a enfin pu découvrir la vraie cuisine italienne. Le premier soir au restaurant, assis tout juste à côté du réalisateur, René, ne sachant trop que choisir, a commandé la même chose que son hôte. Arrive alors une entrée de zucchinis farcis et gratinés. Le reporter dit être tombé « raide mort tellement c'était bon » ! René trouvait si extraordinaire la découverte de tous ces plats qu'il s'est empiffré comme jamais, comme en état d'orgasme gustatif permanent. Stanley Kramer était ébloui de le voir aller. Même s'il n'a pas été « ébloui » par son film l'année suivante, René lui garde une reconnaissance éternelle pour lui avoir fait découvrir les richesses de la gastronomie italienne.

Un collègue américain, incrédule face à un aussi fol appétit, lui a même dit : « *It's just food, you know.* » « Peut-être ces choses-là existaient-elles déjà à San Francisco, mais certainement pas encore à Montréal ! » À moins qu'elles n'aient déjà figuré au menu du restaurant du pavillon de l'Italie l'année précédente, auquel cas René n'aurait pu l'apprendre…

L'autre souvenir mémorable de ce voyage à Rome est directement lié à l'une des vedettes du film. La tête d'affiche féminine de *The Secret of Santa Vittoria* était Anna Magnani, une grande actrice avec qui René affirme avoir « passé une nuit d'enfer ». C'est-à-dire que le tournage ayant lieu la nuit, les journalistes invités sur le plateau devaient vivre à l'envers du jour eux aussi. Anna Magnani n'aimant pas du tout la presse américaine, elle s'est rabattue sur le seul journaliste qui parlait français, une langue qu'elle maîtrisait aussi, René en l'occurrence. Le trouvant sans doute un peu sympathique, c'est surtout vers lui que cette actrice « un peu folle mais absolument intéressante » s'est tournée pendant cette nuit de tournage. Invité un jour à l'émission *Des squelettes dans le placard*, René a voulu raconter cette anecdote mais comme personne dans l'équipe ne semblait savoir qui était Anna Magnani, il a dû renoncer.

Claudio Arrau
en récital privé

Depuis que je fais métier de parler de l'art des autres, le nombre de spectacles, de concerts, de films, de pièces de théâtre auxquels j'ai participé dans le rôle du public est innombrable. Je ne suis pas le seul à pouvoir m'en vanter. Mais un récital privé par un des plus grands pianistes de la planète, c'est plus rare…

Ça s'est passé en 1964. Pierre réalisait pour *L'heure du concert* un récital avec l'immense pianiste chilien Claudio Arrau. J'oublie pourquoi, mais il ne pouvait pas aller le prendre à l'aéroport. Il m'a donc demandé de le faire à sa place.

Dans ma toute petite voiture sport anglaise, j'ai donc ramené à Radio-Canada (les studios du boulevard Dorchester Ouest) ce charmant vieux monsieur (il avait à peine soixante ans!), d'une grande élégance et d'une extrême gentillesse. Arrivés en ville, je l'ai guidé jusqu'au grand studio 42 où l'attendaient les éclairages, son piano… et rien d'autre : c'était l'heure de la sacro-sainte pause syndicale, et le studio était vide d'humains. Mon nouvel ami ne s'en est pas formalisé. Et, toujours avec la même courtoisie, il m'a demandé s'il pouvait répéter. Ce grand spécialiste de Liszt et de Beethoven s'est donc installé au piano, et, pour moi tout seul, impressionné à mort, il a donné le même récital que des milliers de téléspectateurs entendraient quelque temps plus tard.

Je ne suis un spécialiste ni de Liszt, ni de Beethoven – ni de rien, en fait –, mais je n'ai jamais oublié ce moment de grâce.

R. H.-R.

À PROPOS
DE MONTRÉAL

QUAND J'ÉTAIS ENFANT, nous habitions à Laval-des-Rapides, autant dire la campagne à cette époque. À mes yeux, Montréal était une ville exotique. Quand on se rendait chez mon oncle notaire à Outremont pour célébrer la nouvelle année – tante Laurentine faisait la meilleure dinde au monde –, c'était pour nous un voyage vers du beau et du bon. Papa faisait d'ailleurs exprès pour faire des détours afin qu'on puisse voir le plus de belles choses possibles.

Plus tard, nous sommes déménagés dans un appartement très beige dans Ahuntsic, de l'autre côté de la Rivière-des-Prairies déjà, un quartier de banlieue qui, pour moi, empruntait quand même les allures de la ville, d'autant que tout l'environnement était pareil, partout. À part Outremont, Montréal ne voulait encore rien dire pour moi. J'ai pris conscience de la ville seulement au moment où j'ai dû la traverser d'un bout à l'autre pour aller faire des études à l'Université McGill. J'ai alors compris comment elle était fabriquée (avec ces appartements en forme de corridor que je déteste tant), à quel point elle était grise, et comment rien n'était vraiment mis en valeur. Par contre, j'aimais beaucoup les édifices de l'Université McGill, car les salles de cours me faisaient penser à celles de la Sorbonne, que j'avais vues seulement dans les films français, évidemment. Ce genre d'exotisme me convenait parfaitement. J'ai longtemps considéré Montréal comme une ville plate, mais exotique.

J'ai surtout ressenti alors une sensibilité urbaine qu'il était impossible de capter à Laval. Notre gros plaisir, c'était de s'asseoir sur une clôture et de tenter de deviner les marques des voitures qui passaient devant nous. Une sensibilité, ça s'apprivoise.

Au début des années soixante, Montréal était une ville très provinciale mais l'Expo de 1967 a changé certaines choses. Cela dit, le sentiment d'habiter une petite ville ne m'a jamais quitté. Dès que tu commences à voyager un peu, à Londres, à Paris, à New York ou à Los Angeles (qui est une ville que j'aime beaucoup, contrairement à tout le monde), tu te rends compte à quel point Montréal n'est pas du tout de la même stature. J'ai eu envie d'aller voir ailleurs si j'y étais mais la vie en a finalement décidé autrement.

Quand j'y pense, il me revient le souvenir d'une grosse méchanceté dite à mon père alors que j'avais douze ou treize ans. Nous étions en voiture, sur la rue Saint-Denis à la hauteur de la rue Cherrier. Et tout à coup j'ai dit : «C'est quand même terrible quelqu'un qui passe toute sa vie dans la même ville, sans aller voir ailleurs comment ça se passe.» Encore aujourd'hui, je regrette mes paroles. Les gens de la génération de mon père n'ont pas eu la chance de voyager comme nous. Je ne suis pas certain que mon père ait même déjà franchi la frontière américaine. J'ai senti chez lui un gros chagrin que je n'ai jamais su comment rattraper. C'est comme si je lui avais dit qu'il était un raté. Comment peut-on réparer ça? Peut-être en passant toute sa vie à Montréal...

La plus grande différence entre le Montréal d'hier et celui d'aujourd'hui est d'ordre démographique. Auparavant, Montréal était une ville très blanche, tant du côté francophone que du côté anglophone, sans oublier la communauté juive. Grâce à un ami d'université juif, j'ai pu voir pour la première fois, hormis celle de mon oncle, une maison où des tableaux étaient accrochés aux murs. Les francophones qui avaient les moyens de le faire aussi habitaient pourtant des maisons d'un ennui mortel alors qu'à l'intérieur de la maison de ce copain, il était de tradition que l'art occupe un bel espace. Forcément, la sensibilité artistique de l'œil se développe alors d'une autre façon, en donnant à Montréal une couleur que je ne pouvais même pas imaginer.

Cela dit, j'estime que Montréal est encore aujourd'hui une ville très provinciale. C'est probablement ce complexe qui explique pourquoi on se pète tant les bretelles, comme si on voulait réagir contre la réalité et se prouver qu'on occupe une grande place dans le monde. Nous sommes quand même plus ouverts que nous ne l'étions auparavant, grâce, notamment, à l'apport des communautés culturelles.

Sur le plan architectural, on trouve bien sûr du gros n'importe quoi à Montréal, mais aussi des choses passablement réussies. La contribution de Dan Hanganu, récemment disparu, est exceptionnelle. Quand il a conçu le Musée Pointe-à-Callière, ce fut la croix et la bannière et il a dû se débattre entre des chicanes terribles, mais les controverses ont l'avantage d'attirer l'attention sur des choses qui passeraient probablement inaperçues autrement. Hanganu avait ce talent d'intégrer son architecture dans le tissu urbain de façon très personnelle, très moderne.

Le développement de Griffintown m'a aussi rappelé plein de souvenirs, car la réglementation est aujourd'hui très lourde, ne serait-ce que pour obtenir le permis requis pour simplement changer la couleur d'une porte. C'est fou parce qu'à l'autre extrême, il n'existe aucun plan directeur pour Griffintown. Il me semble qu'on aurait eu là une belle occasion d'en faire un.

J'apprécie beaucoup l'art urbain car il donne une partie de son âme à une ville, je crois. Il en change la qualité de vie en tout cas, et je constate qu'il est de mieux en mieux intégré. J'habite Montréal comme j'habite ma maison, en fait. Plus j'avance en âge, plus j'ai peur de me casser la gueule l'hiver – j'aime moins Montréal sous la glace –, mais je ne quitterais jamais cette ville, qui est tout confort pour moi. Il faut évidemment oublier les horreurs de construction et l'enfer des travaux, mais les Montréalais sont très corrects. Je n'ai jamais senti de véritable hostilité dans cette ville, et il s'agit, selon moi, d'un très grand atout. Dans les plus grandes cités, il existe une tension qu'on ne sent pas à Montréal. Voilà qui est précieux.

Je n'ai jamais souscrit à la rivalité entre Toronto et Montréal. Jacques Parizeau avait imputé la deuxième défaite référendaire à «l'argent et au vote ethnique», mais dans ce cas-ci, la faute revient uniquement à l'argent. Il est tout à fait normal et logique que les plus grosses affaires se brassent à Toronto. Je suis convaincu qu'on en serait au même point aujourd'hui, même si le Québec n'avait pas eu de velléités souverainistes qui ont fait soi-disant fuir les capitaux. J'ai toutefois été étonné par le fait que, malgré toute sa richesse, Toronto a très longtemps été une ville plate. Ce n'est plus le cas aujourd'hui. Elle est devenue formidable à tous les niveaux, tant sur le plan de l'ambiance que sur celui de la culture, des bons restaurants, et tout ça dans la bonne humeur, sans agressivité. Mais sait-on jamais? Peut-être Montréal sera redevenue fréquentable et agréable dans cinq ans?

Ma première fois

La première entrevue que j'ai menée avec une (vraiment) grosse star m'a littéralement traumatisé. Et, comme le dirait sans doute mon psy, si je n'avais pas déjà été aussi résilient, j'aurais sûrement sauté dans le premier avion pour la Mongolie extérieure…

John Cassavetes, grand réalisateur américain, était à Montréal pour parler de son dernier film.

On s'est rencontrés dans sa suite d'un hôtel assez miteux du centre-ville (rue Drummond, il me semble). D'emblée, j'ai été terrorisé. Je crois qu'à cette époque il se languissait d'une renommée qui tardait à venir, et j'ai tout de suite senti qu'il avait très envie (vraiment très envie) de parler de lui et de son œuvre. J'étais là pour ça, bien sûr, pour lui poser des questions, mais elles ne semblaient pas lui convenir. Je m'étais préparé, pourtant, je connaissais son jeune parcours, mais j'avais l'impression qu'il aurait voulu me voir lui donner une classe de maître sur lui-même…

Alors il me pressait, sur des aspects très pointus de son travail que lui seul semblait connaître, s'impatientait, me poussait encore un peu plus…Tout ça avec un sourire carnassier…

À part ce sentiment de terreur, je n'ai aucun souvenir de ce qui s'est dit ce jour-là… Hormis la conviction que ces gens-là sont des fauves, qu'il est possible de séduire si on sait s'y prendre (j'ai appris), mais qu'on ne peut pas dompter. Jamais.

R. H.-R.

Chapitre 6

PASSIONS DE LECTURE

La fameuse *Encyclopédie Grolier* a occupé une place de choix dans la bibliothèque des Roy. Ayant ouvert une succursale à Montréal, la célèbre maison, fondée à Boston à la fin du XIXe siècle, avait lancé la première édition de la version canadienne-française de son encyclopédie en 1947. Son système de vente à domicile lui a assuré un énorme succès populaire pendant au moins trois décennies. Il a su combler le besoin vorace de connaissances d'un peuple qui n'avait jusque-là pas beaucoup eu accès à « l'instruction ».

Dans la plupart des foyers québécois, les nombreux tomes encyclopédiques servaient essentiellement d'élément de décor, mais ils constituaient aussi un ouvrage de référence très prisé, que les écoliers allaient fréquemment consulter. Chez les Roy, tout le savoir contenu dans ces gros bouquins, particulièrement celui ayant trait aux pays étrangers, empruntait les allures d'une véritable expédition.

Ainsi, Rolande réunissait souvent ses deux aînés, René et Micheline, pour les emmener « en voyage ». Elle s'installait dans un gros fauteuil, ses deux enfants assis à ses pieds, et elle leur annonçait la destination du jour. « Aujourd'hui, on s'en va en Chine ! » lançait-elle.

Elle attaquait alors la lecture à voix haute du passage encyclopédique qu'elle avait choisi. Aux oreilles de René, sa mère était une bonne conteuse. Il garde encore aujourd'hui un souvenir ému de ces moments privilégiés, qui ont stimulé sa curiosité et son imagination.

À la préadolescence, rien ne lui faisait plus plaisir que de recevoir un nouvel épisode d'une série de romans illustrés français intitulée *Le prince Éric* (publiée dans la collection «Signe de piste»). Écrits par Serge Dalens et dessinés par Pierre Joubert, les récits sont construits autour des aventures d'un jeune scout qui, à l'âge de quinze ans, se retrouve prince de Swedenborg, une principauté imaginaire située quelque part dans un pays scandinave. Faisant face à d'innombrables dangers, le jeune homme trouve appui et réconfort auprès d'un grand ami, très fidèle. Il n'y avait rien de suggestif dans le récit, ni dans les illustrations, mais cette proximité entre les deux garçons, et l'affection chaleureuse qu'ils partageaient, a suscité en René de discrets émois homoérotiques.

Cette initiation à la lecture s'est rapidement transformée en véritable passion. Bien que la littérature québécoise ait été alors pratiquement inexistante, René a été marqué par *Le poids du jour*. Ce roman, qu'a écrit Philippe Panneton sous le pseudonyme de Ringuet en 1949, il l'a trouvé dans la bibliothèque de Rolande. L'histoire de cet homme ayant le dessein de devenir un jour riche et puissant, alliée au cadre urbain, très montréalais, dans lequel le récit était campé, avait de quoi grandement fasciner un garçon qui, pour ainsi dire, vivait à la campagne.

Quelques années plus tard, René se tourne vers la littérature française, mais l'arrivée du «nouveau roman», mouvement dont Alain Robbe-Grillet fut l'un des chefs de file, aura tôt fait de rebuter le jeune lecteur. Contrairement à la Nouvelle Vague, qui a complètement changé la donne dans le milieu du cinéma français, le nouveau mouvement littéraire n'a fait que tuer l'invention, aux yeux de René, faisant du même coup fuir les amoureux de la littérature à cause d'une approche technique « ridicule ». Au lieu d'ouvrir toutes grandes les portes pour aérer un milieu sclérosé, comme l'ont fait les cinéastes, les disciples du nouveau roman se sont vautrés dans un académisme inversé, se repliant dans le snobisme de ceux qui ont la prétention de tout réinventer en faisant table rase de ce que la grande littérature a proposé auparavant. En tant que lecteur, l'exigence de René a toujours été très simple. L'écrivain doit, peu importe le style qu'il emprunte, bien raconter une bonne histoire.

La maîtrise de la langue anglaise, acquise à l'Université McGill, l'incitera à s'intéresser à la littérature américaine. Quand, plus tard, il parlera bouquins dans ses chroniques, on lui reprochera parfois l'absence de commentaires à propos des traductions. De la même manière qu'un doublage constitue une atteinte grave à l'intégrité artistique d'une œuvre au cinéma, ainsi peut-il en être aussi d'une traduction en littérature. René se rabat sur la version française d'un livre uniquement dans les cas où il n'a aucune notion de la langue d'origine dans laquelle il a été écrit. Quand il s'agit d'un auteur anglophone, la question ne se pose pas.

« Est-ce que traduire, c'est trahir ? » demande-t-il. « Il arrive parfois que l'âme et la sensibilité d'un traducteur soient complètement en phase avec celles de l'auteur, et même, les enrichissent parfois. Quand je lis les livres de Michael Connelly dans la langue d'origine, je les trouve mauvais au point où je suis incapable de me rendre jusqu'au bout. Il n'y a pas si longtemps, je me suis réessayé. Encore une fois, le livre en anglais m'est tombé des mains, alors que la traduction française, à mon sens, était beaucoup mieux écrite. Pour ce qui est des livres en langue étrangère – ceux d'Alessandro Baricco par exemple –, le seul point de comparaison que nous puissions avoir est la traduction du livre précédent. Comme les traducteurs travaillent habituellement toujours avec les mêmes auteurs, il existe une continuité sur ce plan. On sent que la personne ayant écrit la traduction comprend parfaitement bien l'œuvre et le style de l'auteur. D'évidence, une traduction est nécessaire dans ces cas-là. »

Il dit être tombé « raide mort » le jour où, à la suggestion d'une copine vivant à Los Angeles, il a lu *The World According to Garp*, le roman de John Irving. À quelques exceptions près, chaque roman écrit par l'auteur américain par la suite fut un enchantement. « Je me souviens même où j'étais quand j'ai lu *The Hotel New Hampshire*! » raconte-t-il. « Nous étions à Saint-Fabien-sur-Mer, chez mon ami Jean-Louis. Quand j'ai terminé la lecture de ce bouquin-là, j'ai presque eu envie de le revirer de bord pour le recommencer! Je ne voulais plus quitter cet univers-là. Avec *The Cider House Rules*, ça a été pareil. »

René ne fait pas du tout partie du public cible de *Harry Potter*, mais il a dévoré tous les tomes de la série. De J. K. Rowling, qu'il considère comme une très grande écrivaine, il attend maintenant LE grand roman, celui qui pourrait s'inscrire dans l'imaginaire collectif mondial au même titre que ceux de Hugo, Proust, Camus, Steinbeck, Hemingway ou Tolstoï. « Elle en a le potentiel, je crois, dit-il. Déjà, cette façon si habile de s'adresser à un plus jeune public, de faire passer des messages à travers un monde magique, est remarquable. Ce qu'elle décrit, ce sont avant tout des aventures humaines. »

Même si le public associe davantage son nom au cinéma qu'à la littérature, René estime avoir probablement lu plus de bouquins dans sa vie qu'il n'a vu de longs métrages. Aussi a-t-il de la difficulté à voir d'un œil neuf l'adaptation cinématographique d'un roman qu'il a aimé. Comment chasser de son esprit le film qu'il s'est déjà imaginé en appréciant l'œuvre originale? En revanche, il estime que le cinéma – ou la série télévisée – peut aussi avoir la faculté d'enrichir une œuvre d'origine dont le potentiel n'a pu être pleinement exploité par l'auteur. *The Godfather*, le chef-d'œuvre qu'a tiré Francis Coppola du roman ordinaire de Mario Puzo, reste l'exemple emblématique.

« Il en est de même des *Filles de Caleb*, ajoute-t-il. Le livre d'Arlette Cousture n'était pas très bon, mais Fernand Dansereau, qui a écrit l'adaptation pour la série télévisée, et Jean Beaudin, le réalisateur, en ont tiré quelque chose de remarquable en donnant à ce récit un grand souffle romanesque. Il y a des auteurs, Arlette Cousture en fait partie, qui publient des livres ordinaires mais qui ont le talent d'inventer de bonnes pistes d'histoires qui, une fois explorées par d'autres, peuvent donner des résultats intéressants. Mais quand on entretient déjà un lien affectif avec un bouquin, c'est rarement possible. »

Le lien que René entretient avec la littérature est si intime qu'il a beaucoup de mal à se départir des bouquins qui ont compté dans sa vie. Il déplore encore aujourd'hui l'absence dans sa bibliothèque actuelle de l'*Encyclopédie Grolier* de son enfance, échouée quelque part. Le destin s'est toutefois chargé de faire un ménage au début des années quatre-vingt. Alors qu'il travaillait à Montréal, un incendie a rasé sa maison de L'Estérel et détruit des dizaines de livres qui y étaient entreposés. René a encore en mémoire la vision d'horreur de toutes ces pages plus ou moins déchirées et brûlées qui jonchaient le terrain à son arrivée – ici, Yourcenar, là, Michel Tournier, ailleurs, Philip Roth. Un constat crève-cœur.

Ainsi, René a été – et est encore – un très grand lecteur. Même à l'époque où ses activités professionnelles lui imposaient un rythme de vie hallucinant, il a toujours trouvé du temps pour lire – le temps d'un lunch, seul au resto, ou le soir avant le sommeil. Il apprécie autant les auteurs « populaires » que les plus pointus. Il a repris goût à la littérature française, grâce, notamment, aux livres de Michel Tournier, une idole dont les romans « le remplissaient de bonheur ». Il voue également une admiration sans bornes à Stephen King, que la critique a mis du temps à reconnaître. À son avis, personne ne parvient à décrire l'Amérique contemporaine comme cet écrivain installé à Bridgton dans le Maine. Il pourrait presque dire la même chose de Michel Tremblay. Qui, dans un style très différent, a saisi l'âme de l'identité québécoise.

« *La grosse femme d'à côté est enceinte* est un roman fabuleux. J'aime aussi Tremblay à travers ses petits récits autobiographiques comme *Un ange cornu avec des ailes de tôle*. Tremblay est un auteur complet qui, je crois, est habité par une vieille âme. Il le faut pour avoir écrit des choses aussi fortes, aussi jeune. »

À PROPOS
DE LITTÉRATURE

LA LECTURE A TOUJOURS FAIT PARTIE DE MA VIE, mais comme j'ai fait l'impasse sur le cours classique, ma culture littéraire s'est d'abord construite au fil de suggestions que me faisaient des camarades qui, eux, le fréquentaient. J'ai aussi découvert les grands classiques de la littérature grâce, très souvent, au cinéma ; l'œuvre de Jean Cocteau, entre autres.

Un bon film tiré d'un roman que je n'ai pas encore lu me poussera sans doute à aller visiter l'œuvre d'origine. Ce fut le cas, notamment, des *Liaisons dangereuses*, dont j'ai tellement apprécié l'adaptation de Stephen Frears. Sans lui, je n'aurais sans doute jamais lu le roman de Pierre Choderlos de Laclos. Le mouvement inverse est cependant plus périlleux et plus risqué. Je sais que les images mentales que je me suis faites en lisant le roman n'auront probablement rien à voir avec ce que je verrai sur grand écran. En même temps, j'aime quand une œuvre littéraire se transforme et devient autre chose. Il est plutôt rare qu'un grand roman devienne aussi un grand film. Volker Schlöndorff a réussi cet exploit grâce au roman de Günter Grass, *Le tambour*.

Depuis mon très jeune âge, il n'y a rien que j'apprécie davantage que de me passionner pour une histoire, un univers romanesque. J'aime perdre mes repères au point de sursauter, presque, quand je me retrouve dans ma réalité. Très rapidement, j'ai su que grâce à ce plaisir-là, jamais ma vie ne pourrait être complètement ennuyeuse. Je me suis d'ailleurs posé la question : est-ce que ma vie est plate au point où je ressens toujours le besoin de plonger dans l'univers d'un autre ? La réponse est oui et non. Le plaisir des mots qu'on trouve dans les livres ne peut pas être reproduit de la même façon dans le quotidien. D'une certaine façon, on peut aussi se projeter soi-même dans des histoires qu'on ne pourrait se permettre de vivre en réalité. Voilà probablement la raison pour laquelle j'accumule autant de bouquins, au cas où j'aurais envie de relire un jour un ouvrage qui m'a déjà plu. Cela ne s'arrange pas avec le temps car le lecteur vorace en moi a encore plus d'appétit. Je ne suis pas du tout rigoureux dans le classement de ma bibliothèque, mais j'ai une excellente mémoire visuelle !

Quand, un jour, le *New York Times* a publié la liste des cinquante meilleurs romans américains, je me suis aperçu que je les avais tous lu, et vraiment appréciés de la même façon que les rédacteurs. Quand des gens crédibles dressent une liste de la sorte, avec laquelle tu es complètement en accord (ce n'est pas toujours le cas), tu te dis que, finalement, tes emballements sont partagés. Lire un livre reste toutefois une activité très solitaire. La communauté d'esprit que partagent les lecteurs n'est pas la même que celle que partagent les cinéphiles, même si celle-ci est en train de disparaître. L'expérience de la lecture est de nature plus intime, alors que celle du cinéma reste encore collective. Du moins, en théorie.

Ma définition d'un bon livre se décline en quelques étapes. Il faut que les premières pages éveillent ma curiosité, même si *a priori*, le thème ou la manière m'atteint moins. Une fois cette étape franchie, je me rends jusqu'à la fin, si l'auteur a réussi à me happer. On dit souvent que les trente premières pages d'un roman sont habituellement les mieux écrites car ce sont celles que l'éditeur soigne davantage, mais si ce que je lis ensuite me paraît plus mou, je ne supporte alors plus longtemps. Ça m'est arrivé un million de fois.

Le rapport personnel qu'on entretient avec l'œuvre d'un auteur compte aussi pour beaucoup. Il est évident que j'aurai plus de mal à apprécier la nouvelle offrande d'un auteur avec qui j'ai habituellement plus de difficulté. J'y parviens pourtant. J'ai beaucoup apprécié *Frappe-toi le cœur*, le plus récent roman d'Amélie Nothomb, même si je n'appréciais pas du tout ce qu'elle écrivait depuis des années. Quand, par contre, tu aimes déjà quelqu'un, le bonheur est alors total. Encore faut-il le savoir et avoir lu ce que cette personne a déjà publié. Cela me rappelle un plaisir de lecture grandiose que j'ai ressenti quand, jeune adulte, mon ami Jean-Louis Robillard m'a fait découvrir l'œuvre d'Henry Miller et d'Anaïs Nin. L'intensité de ce plaisir est d'une force incroyable, quasi orgasmique!

À mes yeux, la différence entre un bon livre et la grande littérature réside dans la notion de résistance et de pérennité. Lire un livre de Fred Vargas se fait avec grande aisance. Lire un livre de Milan Kundera te résiste davantage, dans la mesure où cette lecture exige plus d'efforts. Personnellement, je n'ai jamais établi de différences entre les natures des livres. À mes yeux, un roman est bon ou il ne l'est pas, pour différentes raisons. Il y a des auteurs très pointus qui gagnent à le rester car leur œuvre s'en ressent dès qu'ils aspirent à devenir autre chose. Comme dans tout milieu, la popularité devient vite suspecte dans le monde littéraire. Marguerite Duras était infréquentable au début mais elle avait autour d'elle une cour qui la mettait sur un piédestal. Quand *L'amant* l'a rendue populaire, l'intérêt a quitté l'objet littéraire pour se poser sur l'auteure. Elle est devenue un personnage.

J'ai le sentiment que l'on ne pourra plus produire aujourd'hui de géants de la littérature comme on en voyait il y a cinquante ou soixante ans. Une notoriété à la Ernest Hemingway, à notre époque, n'est plus possible, pas plus que Truman Capote. Je me souviens avoir été complètement bluffé à l'époque d'*In Cold Blood*. Passer de l'univers du bal en noir et blanc à cet ouvrage de nature un peu *gunzo* était aussi inattendu que renversant.

Le monde de l'édition a beaucoup évolué au Québec depuis l'époque où Pierre Tisseyre sévissait. Il s'est transformé en véritable industrie culturelle. Il y a cependant aujourd'hui trop de maisons d'édition, qui publient trop de bouquins. Ce phénomène crée de faux espoirs chez des auteurs qui ne vendront que quelques exemplaires de leur roman. Est-ce que ces maisons reçoivent de bons manuscrits au point où elles se sentent obligées de les publier? Je ne sais pas quelle serait la bonne solution. En plus, les auteurs québécois doivent rivaliser avec des maisons d'édition étrangères qui ne nous font pas toujours parvenir ce qu'elles ont de meilleur. Un tri est déjà fait à cet égard, mais on a quand même souvent l'impression qu'on ne reçoit pas toujours ici la crème de la crème. Un pays comme la France dispose d'un bassin de lecteurs assez grand pour absorber tout ça, mais chez nous, c'est autre chose.

Je trouve le milieu littéraire parfois drôle, souvent consternant. Fréquenter ce monde équivaut à se mettre le doigt dans le tordeur. Pour quelques auteurs inspirés et inspirants, on trouve aussi beaucoup de gens dénués de talent, qui estiment que tout leur est dû. On les retrouve parfois amers et prétentieux mais, paradoxalement, ils peuvent aussi parfois me séduire grâce à leurs œuvres.

Le Salon du livre de Montréal m'inspire une opinion plutôt mitigée. D'une part, j'y souscris car il contribue à faire vendre des livres. En revanche, ce salon coupe l'herbe sous le pied des libraires. Je trouve d'ailleurs indécent qu'on exige un prix d'entrée pour ce qui est, au bout du compte, une grande foire commerciale dans laquelle ce qui est déjà populaire le sera encore davantage, au détriment d'ouvrages qui mériteraient sans doute plus d'attention. Est-ce que, ultimement, ce genre d'événement peut donner le goût de la lecture à des gens? Je suis vraiment médium-saignant là-dessus.

Je ne sais si la façon de «consommer» la littérature subira une transformation aussi grande que celle qui a marqué la musique ou le cinéma. Le virage numérique a déjà été amorcé mais son impact ne semble pas être très grand. Pour moi, le support importe peu. Se faire happer par une histoire que tu lis dans un livre ou sur une tablette ne fait aucune différence. Ce qui compte avant tout, pour moi, ce sont les mots, et le plaisir que j'en retire.

Chapitre 7

LA TÉLÉ S'EN MÊLE

Quand la possibilité de faire carrière dans le monde des médias s'est véritablement concrétisée à la fin des années soixante, René a pris pour modèle le professeur Henri Guillemin. À ses yeux, cet historien français réputé, dont Radio-Canada a diffusé des séries et conférences, était l'incarnation absolue du bon communicateur. Assis dans son fauteuil, sans aucune note, il pouvait raconter l'histoire de Jeanne d'Arc sans hésitation – et dire à quel point elle était *flyée* – pendant que la caméra s'avançait tranquillement sur lui, en créant une intimité immédiate avec le téléspectateur. Le professeur imposait d'emblée une autorité, ponctuait son discours d'un langage très coloré, bref, il possédait un style. « J'ai voulu faire la même chose que lui, emprunter la même approche, dit René. Je souhaitais créer cette illusion – parce que c'en est une – d'extrême proximité avec l'auditeur ou le téléspectateur. Au début, je parlais sur un ton très grave, très posé. Je n'avais pas du tout la voix excitée que j'ai maintenant ! »

René a d'abord pu faire valoir son talent à la faveur de chroniques à la télévision, parallèlement à son travail dans la presse écrite. Il a notamment causé cinéma à la célèbre émission *Bon dimanche* sur les ondes de

Télé-Métropole. Ce magazine hebdomadaire, créé en 1968, a été diffusé sur la chaîne privée pendant plus de vingt ans. Chaque dimanche, de midi à quatorze heures, on proposait au téléspectateur un tour d'horizon de l'actualité artistique et culturelle, avec, toujours, un volet critique. Au fil des ans, plusieurs animateurs se sont succédé, notamment Serge Bélair, Alain Montpetit, Reine Malo, Michel Jasmin. À l'époque où René y livrait des chroniques, André Robert, qui animait aussi *Toute la ville en parle*, menait le bal.

Au début des années soixante-dix, René a rapidement été recruté par Radio-Canada afin de participer à l'émission *Les deux D*, qu'animaient Dominique Michel et Denise Filiatrault. René a même claironné son départ de *Bon dimanche* sur les ondes de la chaîne qu'il quittait ! « Comme l'émission était en direct, je me suis permis d'annoncer aux téléspectateurs qu'ils pouvaient me retrouver la semaine suivante avec Dodo et Denise à Radio-Canada ! » raconte-t-il. « Évidemment, tout le monde était fâché ! »

Grâce à *Moi et l'autre*, un rendez-vous télévisuel hebdomadaire incontournable pour la vaste majorité des Québécois, Denise Filiatrault et Dominique Michel étaient alors au faîte de leur gloire. L'expérience des *Deux D* fut toutefois moins heureuse. Les deux femmes, à qui l'on demandait de tout faire, estimaient d'abord qu'elles n'étaient pas rémunérées à leur juste valeur. Elles en sont presque venues à faire la grève. La pression était telle que la direction de Radio-Canada a fini par leur consentir un contrat satisfaisant. En vertu de cette entente, les deux vedettes devaient aussi animer deux émissions d'information culturelle, entourées de chroniqueurs, parmi lesquels René « et son *jumpsuit* ».

L'heureux propriétaire du *jumpsuit* s'est pourtant vite aperçu du désarroi des deux comédiennes, à qui l'on avait demandé d'exercer un métier qui n'était pas le leur. Ces femmes d'exception, qui possédaient déjà une expérience professionnelle fabuleuse, et à qui rien ni personne ne faisait peur, frôlaient maintenant l'état de panique à l'idée de devenir des animatrices, même si leur émission était préenregistrée. Plus indépendante de fortune, Dominique a décidé de partir avant Noël. Denise, qui gérait un restaurant à cette époque, est restée, flanquée d'un nouveau coanimateur : René. L'actrice et lui ont eu l'occasion de tisser de beaux liens, même s'ils n'ont jamais été intimes au point de partir en vacances ensemble. « Mais cette émission était mauvaise, commente René. Vraiment très mauvaise ! »

Malgré sa piètre qualité, *Les deux D* a permis à René de mettre un pied dans la grande tour de Radio-Canada. L'année suivante, il fut recruté pour écrire le script d'une série, *Prise 1*, qui présentait de nouveaux talents.

René voit alors sa carrière télévisuelle prendre de l'ampleur. En 1977, on lui confie une mission pratiquement impossible à relever : l'animation du talkshow qui doit occuper la place laissée vacante par *Appelez-moi Lise.* Après quelques années à la barre d'une émission ayant marqué les annales dans le domaine, Lise Payette est entrée en politique. Celle qui occupera trois ministères dans le gouvernement de René Lévesque a marqué les esprits en arborant un balai sur la scène de l'aréna Paul-Sauvé le soir où, le 15 novembre 1976, le Parti québécois fut porté au pouvoir pour la toute première fois.

René affirme maintenant que *Mesdames et messieurs* (c'était le titre de l'émission) constitue l'un des rares regrets de sa vie. Avec le recul, il estime avoir fait une grave erreur en acceptant le concept qui lui était proposé. Pour se démarquer de l'ère Payette, la direction de Radio-Canada avait décidé de miser sur de nouveaux visages en présentant en ondes des artisans de l'ombre, notamment quelques recherchistes. Marie Perreault, qui fut plus tard appelée à diriger le secteur des Variétés, est ainsi devenue la coanimatrice du talkshow, reprenant un peu le rôle que tenait Jacques Fauteux auprès de Lise Payette. La complicité n'était toutefois pas du tout la même. « Tous les jeudis, jour de l'enregistrement, je me réveillais le matin en disant : Arrrrgggh ! » raconte René. « Bien sûr, j'exagère. Mais, vraiment, il n'y avait rien là d'agréable. Le plus étonnant, c'est que nos cotes d'écoute étaient exactement les mêmes que celles d'*Appelez-moi Lise !* »

Parallèlement à cette ascension télévisuelle, le *look* de René s'est défini. Tous ceux qui l'ont connu dans les années soixante-dix gardent en mémoire l'image de cet homme dans la force de l'âge, aux allures de dandy, avec écharpe assortie, lunettes d'aviateur, crâne dégarni et barbe savamment taillée. En fait, il a essayé de faire un atout de ce qui, au départ, a été pour lui un drame. Quand, au début de la vingtaine, il s'est mis à perdre ses cheveux, René a vraiment eu du mal à accepter sa condition de chauve.

« J'ai tout essayé pour tenter de camoufler ma perte de cheveux » rappelle-t-il. « Y compris le fameux « René Lévesque *special* [qu'il faut prononcer à l'anglaise], qui consiste à ramener les couettes du côté gauche vers le côté droit en passant par-dessus le crâne. Je me suis rendu compte du parfait ridicule de la chose lors d'une randonnée en moto au Mexique. Dès que j'ai compris que je pouvais tirer un avantage de ce look plus particulier, avec l'aide d'un bon photographe, je me suis donné un style qui me convient. Ma physionomie m'a aidé parce qu'elle est facilement identifiable.

«Contrairement à ce que certains peuvent croire, se faire regarder est très agréable. C'est comme si, dans le regard de l'autre, tu peux retrouver ta propre existence. Or, il est impossible d'attirer ce genre de regard sans entretenir son image, quelle qu'elle soit. Pour le personnage de journaliste qu'a joué Jean-Louis Millette dans *Jésus de Montréal*, directement inspiré de ma personne, Denys Arcand m'a téléphoné pour me demander si j'en étais froissé. Cela n'était pas le cas du tout. J'ai même trouvé ça très drôle. Mais je n'imaginais pas me percevoir de cette façon, cela dit!»

L'habit fait le moine

Cliché, bien sûr. Mais aussi fait vérifié. Par moi…

J'ai toujours été très coquet, comme on dit des gens préoccupés par leur allure. Longtemps – il y a très très longtemps –, j'ai hanté la formidable boutique du Château, rue Sainte-Catherine, où il y avait des copies très bien exécutées de ce qu'on ne trouvait autrement qu'à Paris. Et, si on connaissait le patron, on pouvait récupérer les habits originaux, défaits puis recousus, des modèles qu'on y fabriquait.

C'est là que je me suis acheté les célèbres *jumpsuits* dont personne ne se souvient plus – sauf mes amis qui en rient encore – et qui nous faisaient, dans des couleurs vives, comme une seconde peau.

Ce genre d'accoutrement – chandail orange brûlé, long foulard brun et or, pantalon moulant à pattes d'éléphant vert pâle, etc. – a fait son petit effet dans la salle de rédaction de *La Presse* où, lorsque j'y suis arrivé, en 1969, on trouvait encore des journalistes qui portaient des visières en mica vert et de longs protège-manches noirs. Et chacun à notre manière, on s'est étonné de la vêture de l'autre.

Ces folies de jeunesse se sont arrêtées d'un coup sec lorsque, à la tête du magazine *Nous*, j'ai dû rencontrer des gens d'affaires que ma fantaisie vestimentaire n'amusait pas du tout. Je me suis donc converti aux costumes et cravates (j'en ai encore une bonne centaine, dont je n'arrive pas à me départir) élégants mais super-*straights*.

Beaucoup plus tard, alors que je me levais tous les matins à trois heures, j'ai découvert les vertus de l'habillement à la Christiane Charette – du noir, que du noir, du beau, du bon, du bien coupé, mais du noir. Cette façon aussi esthétique que pratique de se vêtir, qui a longtemps sévi, surtout dans mon milieu, je commence à peine à m'en évader. Et à redécouvrir les charmes des chemises roses, violettes, ou... orange brûlé.

R. H.-R.

À PROPOS
DE LA TÉLÉVISION

QUAND LA TÉLÉVISION EST ARRIVÉE AU CANADA en 1952, j'avais douze ans. Je me souviens de ces magasins qui mettaient les appareils en vitrine et devant lesquels se plantaient toujours dix ou vingt personnes qui les regardaient de l'extérieur parce qu'elles n'avaient pas encore les moyens de s'en procurer un. Chez nous, la télévision – en noir et blanc bien sûr – est entrée assez rapidement. À cette époque, on pouvait trouver des appareils de marque Dumont, de petits écrans encastrés dans de gros meubles très lourds, qui trônaient au milieu de bien des foyers.

Comme j'avais déjà atteint la préadolescence, je n'étais pas aussi intéressé par les émissions jeunesse qu'à l'époque où je les fréquentais beaucoup à la radio. J'ai quand même pu découvrir *Pépinot et Capucine* à travers le regard de ma plus jeune sœur. Pendant ses toutes premières années d'existence, la télévision offrait du bon contenu. C'est du moins la perception que nous en avions. Je me souviens des feuilletons comme *Le survenant*, *La Pension Velder*, mais ce qui tenait lieu de grande messe au Québec à cette époque était *La famille Plouffe*, un feuilleton qu'a écrit Roger Lemelin d'après son roman. Je trouvais l'émission excellente et je n'en ratais jamais un épisode, mais j'étais aussi troublé par le fait qu'en ce temps-là, il était d'usage que les comédiens ne sortent pas de leur personnage pour faire de la publicité. Cela me semblait extrêmement bizarre.

Dans les années cinquante, on consommait la télévision sans vraiment se douter de l'impact qu'elle aurait, ni à quel point elle allait changer nos vies à jamais. Si nous l'avions su, peut-être aurions-nous pris plus de précautions afin de nous prémunir contre les influences extérieures, américaines ou françaises. Cela dit, l'arrivée de la télé a eu impact incroyable au Québec, tant sur le plan culturel que sur le plan social. Pour nous, qui la découvrions, elle était source d'émerveillement perpétuel, même si, sur le plan éducatif, nous n'étions pas du tout préparés à la recevoir. Nous n'avions jamais rien vu de tel, à vrai dire. Je n'ai pas été personnellement témoin de la légende selon laquelle des gens s'installaient devant la télé seulement pour regarder la tête d'Indien, mais ça ne m'étonnerait pas que certains, qui évidemment s'ennuyaient beaucoup, l'aient fait.

La télévision a forcément beaucoup évolué au fil des décennies. Mais l'attachement que les gens ont pour des personnages fictifs reste le même. L'immense succès de *District 31*, une série que je regarde quotidiennement sans jamais rater le rendez-vous, procède de ce phénomène, à mon avis. Pendant tout l'été 2017, le Québec au grand complet s'est demandé – en s'inquiétant – si Nadine et Patrick avaient été assassinés ou pas. Cette fascination qu'ont les gens pour des personnages qu'ils aiment nous ramène directement à l'époque où des téléspectateurs émus venaient laisser à l'entrée de Radio-Canada des denrées à la pauvre Donalda des *Belles histoires des pays d'en haut*! On retrouve encore maintenant cette espèce de naïveté qui ne peut pas s'inventer, ni être forcée. Ce phénomène est d'autant plus remarquable qu'il se produit très rarement, et qu'il est plaisant d'y succomber. Le lien que j'entretiens moi-même avec les personnages qu'a inventés Luc Dionne pour *District 31* est profond. Dans ma jeunesse, j'ai ressenti le même émoi en regardant

14, rue de Galais, mais pour des raisons différentes. Dans l'un des nouveaux développements de Laval pour lesquels mon père travaillait, il y avait, nouvellement nommée, une rue de Galais. L'ayant appris, Paul Hébert, vedette du téléroman, était venu visiter notre maison, qui était à vendre. Dans ma tête de garçon de quatorze ans, je trouvais formidable d'habiter dans une rue qui, en principe, n'existait qu'à la télé, mais qui nous permettait d'accueillir chez nous un acteur en chair et en os qui jouait pourtant un personnage fictif. Ce souvenir m'est très sympathique.

Avant que mon conjoint Pierre n'entre dans ma vie, le monde de la télévision m'était complètement étranger. J'ai fait un peu de figuration dans les émissions qu'il a réalisées, simplement parce que ça m'amusait, mais je n'ai jamais vraiment eu la piqûre du jeu, ni l'envie de devenir un interprète. Ma carrière à la télévision a vraiment commencé à *Bon dimanche,* alors que j'étais déjà journaliste. À mes yeux, il s'agissait d'un prolongement tout à fait naturel et je ne me rappelle pas avoir éprouvé de l'appréhension, ni avoir été pris de trac. Pourquoi s'énerver quand on te demande simplement de parler? Serge Bélair et André Robert, les deux premiers animateurs de *Bon dimanche,* avaient le talent de rendre les autres à l'aise et c'est tout à leur honneur. Ensuite est venu Pierre Couture, aujourd'hui disparu, qui angoissait à un point tel que les invités et les chroniqueurs étaient contaminés par sa peur. Grâce à lui, j'ai très rapidement appris une leçon qui m'a servi pendant toute ma carrière : il faut toujours se faire accueillant et rassurant quand on anime une émission. Sinon, ça peut facilement devenir insupportable pour tout le monde.

La télévision est un média où tu deviens vite très conscient de ton image, mais aussi très conscient du travail des autres. Dans les premières décennies, l'équipement était lourd, les caméras, énormes, et les cameramen et techniciens devaient faire beaucoup d'efforts pour manipuler et déplacer ces gros engins. Je suis très pro-syndical et je ne remets pas du tout en cause la présence des syndicats. Mais, à cette époque, les règlements étaient franchement exagérés, au point où l'on ne pouvait pratiquement rien toucher. Quand, le dimanche, il n'y avait pas de déménageurs sur place, nous déplacions nous-mêmes les choses mais il fallait alors payer une amende au syndicat. L'évolution technologique a rendu la pratique du métier beaucoup plus flexible maintenant. Il n'y a plus cette espèce de paralysie chronique avec laquelle il fallait impérativement composer à l'époque.

Les chaînes privées, Télé-Métropole en tête, sont arrivées au début des années soixante et n'ont à peu près jamais correctement fait leur travail. Elles sont motivées par la recherche du profit (c'est tout à fait normal), mais celle-ci ne devrait quand même pas constituer la seule source de motivation d'une entreprise culturelle. Les chaînes privées peuvent maintenant produire des choses intéressantes, mais il aura fallu attendre des décennies avant qu'elles le fassent. La valeur d'émissions comme *Cré Basile* et *Symphorien* réside uniquement dans le fait que ces comédies simplistes étaient très populaires. Ce succès ne découlait cependant pas d'efforts véritables que Télé-Métropole faisait pour investir dans la création. En fait, les deux cultures d'entreprise, entre le public et le privé, ne pouvaient être plus différentes. Autant Radio-Canada était considérée comme élitiste et chiante, autant Télé-Métropole, devenue TVA, exploitait le filon populiste à l'extrême.

Quand Guy Fournier a lancé Télé Quatre-Saisons en 1986, il souhaitait vraiment faire de la bonne télévision en révolutionnant même la manière d'en faire. Le réseau TVA n'a jamais eu cette ambition-là. Quand des séries dramatiques plus costaudes ont commencé à être produites par les réseaux privés, le chemin avait déjà été tracé par Radio-Canada. C'est l'évidence même.

Le fameux mandat de Radio-Canada peut à la fois être un atout et un fardeau. Tout dépend de ce qu'on veut en faire. Correctement utilisé, il peut être un atout car les ressources d'un diffuseur public permettent de bien le défendre. Des gens de qualité se sont appliqués à le faire et se sont activés à faire des choses, à innover, quitte à se tromper. L'absence de vision est peut-être la tare la plus grave en général dans ce milieu. Elle s'accompagne souvent de la contrainte de faire les choses de telle manière parce qu'elles font partie de la culture de l'entreprise.

Chez Québecor, on discrédite parfois Radio-Canada jusque dans les cours de justice, mais il faut quand même reconnaître le défi que constitue l'obligation de remplir le mandat d'un diffuseur public, dans un pays comme le nôtre, dans un contexte où les grandes émissions culturelles et d'informations ont pratiquement disparu. Heureusement, il reste la grande messe du dimanche soir, *Tout le monde en parle*, car à part ça c'est le désert. Je trouve assez désolant que nous en soyons là. Je dirais même que ça me scandalise.

À ceux qui disent que Radio-Canada ne devrait pas se soumettre aux cotes d'écoute, ni essayer de produire des émissions populaires à la manière de celles que diffusent les chaînes privées, je réponds qu'il faudrait alors que son financement soit assuré à très long terme et de façon beaucoup plus substantielle. Des séries comme *Bunker – le cirque*, de mon idole Luc Dionne, *Les invincibles* ou *Série noire* ne rencontrent pas un aussi large public, mais le rôle de Radio-Canada est aussi de favoriser l'originalité. Dans le contexte actuel, il est plus difficile pour le diffuseur public de prendre de tels risques.

Sur le plan de l'information, l'évolution s'est aussi faite très rapidement. A-t-on encore besoin de deux grands bulletins en soirée à quatre heures d'intervalle ? Assurément pas. C'est même grotesque. Nos journaux télévisés cèdent aussi beaucoup à la couverture locale, d'intérêt humain. Je présume que les chefs des salles de rédaction se sentent contraints de choisir des thèmes très proches des gens, et puisque les chaînes privées ne font que cela Radio-Canada est obligée de suivre le courant. Cette propension à toujours regarder ce que fait le voisin ne sert pas bien une entreprise comme Radio-Canada, qui se colle trop sur les autres plutôt que de se concentrer sur ce qu'elle sait bien faire. Quand j'animais *C'est bien meilleur le matin*, je regardais quotidiennement les bulletins américains, français et britanniques, en plus des nôtres. Il fallait que je sorte du petit canal étroit dans lequel nos téléjournaux sont coincés.

L'arrivée des chaînes d'information continue a provoqué l'arrivée de l'information-spectacle, particulièrement aux États-Unis. Partout dans le monde, l'information est maintenant contaminée par ce phénomène. Quand des ouragans se produisent, on lâche maintenant le reporter en pleine nature et ça donne des images hallucinantes, qui n'apportent pourtant rien à l'information qu'il doit relayer. Cela dit, une image peut aussi être très puissante, et traduire ce qu'on ne peut pas dire en mots. Je me souviens d'un reportage qu'a réalisé Jean-François Lépine au Vietnam, dans lequel on le voyait au beau milieu d'une rizière, tenant son micro au-dessus de sa tête comme s'il s'agissait d'une arme. Ce genre d'image, très éloquente, ne s'oublie pas. Depuis l'élection de Donald Trump, je regarde beaucoup CNN. J'y vois là des choses qui, souvent, me surprennent.

Dans le domaine de la télévision, je n'ai pas tout fait mais j'ai pas mal touché à tout.

Quand on m'a proposé d'animer le talkshow *Mesdames et messieurs*, qui remplaçait le talkshow de Lise Payette, entrée en politique, je mesurais l'ampleur du défi et l'énorme facteur de risque. Mais pour un journaliste comme moi, l'animation d'une émission de cette nature s'apparentait à un rêve. Dans les années soixante-dix, j'appréciais l'animateur Dick Cavett parce que son émission me ressemblait davantage que celle de Johnny Carson. J'avais l'impression que je pourrais donner ma couleur à *Mesdames et messieurs* et faire ce que je voulais, un peu à la manière de Cavett aux États-Unis, mais ça n'a pas été le cas. Je n'ai pas été découragé mais cet épisode ne m'a pas donné envie de recommencer avant un moment.

J'estime qu'il se produit maintenant de la très bonne télévision au Québec. Il en est de même du cinéma mais il n'en fut pas toujours ainsi, loin s'en faut. J'ai cependant du mal à comprendre comment, dans le monde technologique dans lequel on vit, il se produit quotidiennement des erreurs techniques aberrantes dans les bulletins de nouvelles. Je ne sais pas comment Patrice Roy fait pour garder son calme. Moi, il est certain que je pèterais ma coche *every fucking day*.

Je ne sais quelle direction tout cela va prendre, mais je crois que la barrière de la langue fait en sorte que notre télévision est plus à même de résister à tous les Netflix de ce monde. L'effet de *coolness* dont bénéficient plusieurs séries de Netflix peut aussi être utilisé pour des séries québécoises – je pense à *Série noire*, *District 31*, *L'imposteur* et *Faits divers*. J'ai toutefois du mal à comprendre ceux qui regardent la télé uniquement pour des services comme ceux qu'offre Netflix, en sacrifiant toutes les chaînes traditionnelles. Il s'agit sans doute d'une question de génération, mais je trouve que les gens qui lâchent la télé se privent d'une dimension impossible à retrouver ailleurs, particulièrement sur le plan de l'information.

Peut-être est-ce seulement une phase après laquelle la télévision traditionnelle sera réhabilitée? On l'a fait pour les disques vinyles, dont on retrouve aujourd'hui le charme, alors, pourquoi pas? Si ceux qui ont lâché reviennent en regardant leurs émissions sur un écran de iPhone, c'est que ça ne les intéresse probablement pas autrement. En même temps, peut-être faut-il découvrir des choses sur son petit écran pour ensuite vouloir regarder ailleurs, en plus grand aussi?

Personnellement, je ne pourrais pas imaginer vivre sans la richesse de la télévision.

La guerre, *no sir*

Elle nous aura été épargnée, à moi et aux pré et post babyboomers de ma génération.

Je l'ai évidemment vue au cinéma, plus ou moins bien mise en scène, à la télé, le plus souvent nettoyée de ses pires horreurs, et dans des récits et des romans où les mots ne parviennent pas toujours à rendre sa réalité.

Toutefois, j'ai eu l'impression de la frôler, à Prague, en août 1968, au moment de l'invasion soviétique. J'assistais au tournage, tout près de Rome, d'un joli film avec Anna Magnani et Anthony Quinn. Or, la même maison de production avait en chantier, dans la banlieue de Prague, un autre film, *The Bridge at Remagen*, de John Guillermin.

Un ami journaliste américain et moi avions une furieuse envie d'aller regarder de près ce «printemps de Prague». Et, pour la production, notre folle envie de Prague s'est transformée en folle envie d'assister au tournage du film. Un peu comme dans un conte de fées, aussitôt exprimé, notre désir fut exaucé.

Ce qui se passait alors dans cette ville d'une beauté stupéfiante l'était tout autant. Partout, dans toutes les rues, sur toutes les places, des milliers d'étudiants manifestaient en permanence. À chaque coin de rue, une petite table était installée, où on nous invitait à signer des pétitions contre l'intervention soviétique. Mon copain et moi avions beau répéter que nous étions étrangers, nos nouveaux amis insistaient en souriant pour qu'on signe quand même.

L'attachée de presse qui nous accompagnait, une jeune Anglaise qui parlait le tchèque, traduisait pour nous les slogans, les commentaires et, dans ces immenses tavernes appelées *beerhouses*, où on trinquait dans d'immenses choppes, les toasts à la révolutions qui s'enchaînaient à un rythme effréné. C'était à la fois excitant, touchant, et drôle. La fête a duré quelques jours, et puis…

Un matin, il y avait dans les rues des tanks et des soldats. L'aéroport était fermé. Les manifestations bon enfant étaient devenues grondantes. Et nous étions devenus tout petits dans nos culottes.

Seule façon de quitter la ville et le pays : le train. Acheter un ticket était devenu problématique, et nous avons dû, avec les membres de la production américaine, nous relayer au guichet de la gare. Pendant des heures et des heures.

J'ai vécu, jusqu'à la frontière de l'Allemagne, les plaisirs des transports en pays communiste. Sans oublier la peur qui nous tenaillait : et si les soldats allaient tirer ? Et si les canons allaient tonner ? Et s'il allait tomber des bombes ? Tout s'est passé pour nous dans le calme sinon dans la sérénité ; ce n'est qu'après que nous avons appris les combats, les morts, ailleurs au pays.

J'avoue que je n'ai pas été fâché, cette fois-là, de rentrer au plus meilleur pays du monde…

R. H.-R.

Chapitre 8

UN PEU BEAUCOUP DE *NOUS*

Du «plus grand quotidien français d'Amérique», René est passé au «magazine des Québécois libérés», le *Nous*. Dans la foulée de la Révolution tranquille, de nombreux courants sociaux ont fait éclater toutes les règles. Collectivement, les Québécois ont rejeté la religion, recherché de nouveaux modèles amoureux. On assistait aussi à la libération sexuelle, à la montée du féminisme et du mouvement souverainiste, bref, tout était en train de bouger sur le plan social. Dans un pays où les magazines d'information étaient de facture très classique, l'arrivée du *Nous* a séduit la clientèle jeune et branchée des années soixante-dix, qui se reconnaissait enfin dans une revue faisant écho à ses préoccupations.

Lancé en 1973, *Nous* est d'abord issu d'une idée de Paul Azzaria, le jeune frère de Joe Azzaria, propriétaire de journaux *big* et *cheap*, parmi lesquels le *Mirror*. Le cadet travaillait avec un directeur artistique «de génie», Georges Haroutiun, dont l'épouse était la sœur de la femme de Guy Latraverse. Grâce au couple, René a pu rencontrer Paul. Son idée, au départ, était de proposer une publication inspirée de la rubrique *Forum* du magazine *Penthouse*. La revue «olé olé», fondée par Bob Guccione, avait l'habitude de publier des lettres de lecteurs, auxquelles la rédaction offrait des réponses un peu croustillantes. Or, même s'il s'agissait de la première intention de Paul, Georges Haroutiun avait une autre idée en tête. Il était certain de pouvoir convaincre le propriétaire de produire un vrai magazine, divertissant, ambitieux, ouvert à tout. René hésitait, mais il s'est présenté au rendez-vous.

Une fois la formule établie, le *Nous*, en version Haroutiun – Homier-Roy, n'avait plus rien à voir avec le concept qu'envisageait Paul Azzaria au départ. Le propriétaire donna quand même le feu vert aux concepteurs. Les relations que René entretenait avec les gens du milieu artistique furent mises à contribution. Le tout premier numéro, dont la couverture était ratée à cause d'une mauvaise séparation de couleurs, montrait Mouffe et Robert Charlebois sur un vélo en tandem. Le magazine est rapidement devenu très populaire. Environ 100 000 exemplaires du *Nous* étaient vendus en kiosque. Ce genre de performance pour un mensuel québécois est pratiquement inenvisageable aujourd'hui.

Le magazine a pu se démarquer grâce à quelques signatures. La plus grande star du *Nous* était pourtant une parfaite inconnue : Chantal Bissonnette.

Les billets de la fausse chroniqueuse, qui couchait souvent sur papier les moindres détails de sa trépidante vie sexuelle, ont eu beaucoup de succès. Un problème s'est toutefois vite posé car tous les médias souhaitaient rencontrer l'auteure en entrevue. René est rarement pris de court mais, là, il ne savait vraiment pas comment gérer toutes ces requêtes. Il a fini par trouver une excuse un peu boiteuse en prétextant l'impossibilité pour madame Bissonnette d'accorder des interviews. En réalité, disait-il, cette dame était l'épouse d'un médecin bien en vue et se devait d'utiliser son nom de jeune fille pour écrire car, vivant quelque part en région, sa véritable identité pourrait facilement être révélée.

Pendant très longtemps, les principaux intéressés ont pu se réfugier derrière cette excuse bidon. La carrière de la célèbre chroniqueuse a cependant abruptement pris fin quand Pierre Bourgault, l'auteur des fameuses chroniques, s'est révélé au grand jour à la radio, au grand dam du directeur du *Nous*. En plus d'écrire magnifiquement, Bourgault passait aussi, de façon très marrante, toutes sortes de messages subliminaux à travers ses textes.

Pratiquement seul à occuper ce créneau au Québec, le *Nous* pouvait s'aventurer dans des avenues que personne d'autre n'osait emprunter, très loin du petit recueil de lettres «cochonnes» que Paul Azzaria souhaitait publier au départ. On avait le luxe d'oser, de prendre des risques, de développer des idées originales. René est particulièrement fier d'avoir pensé à embaucher Lise Payette pour écrire des chroniques sportives, d'autant qu'elle avait déjà fait beaucoup parler d'elle en enfilant l'équipement du gardien de but du club de hockey Canadien lors d'un exercice de l'équipe chérie des Montréalais.

Les premières chroniques que madame Payette a écrites étaient pourtant «impubliables», d'après René. «À l'époque, Lise écrivait mal, rappelle-t-il. Ses idées étaient intéressantes, ses flashes étaient bons, elle avait le sens du développement et du punch, mais l'écriture était à chier. Il fallait pratiquement tout récrire au grand complet. Heureusement, j'aimais beaucoup faire ce genre d'exercice!»

La nouvelle recrue a toutefois fait son apprentissage très rapidement. De celle qui, plus tard, écrira des téléromans à succès (*La bonne aventure, Des dames de cœur, Un signe de feu*), le patron du *Nous* a toujours aimé l'intelligence, de même que les convictions politiques et sociales très affirmées. Les gens qui osent prendre position publiquement de cette façon suscitent particulièrement son admiration car il a toujours eu l'impression, lui, d'être un peu *chicken* sur ce plan. Cela dit, il était impossible d'exercer le métier qu'il pratiquait, surtout à la radio du matin, sans avoir au moins l'apparence de la neutralité. Les convictions politiques de René Homier-Roy étaient bien connues de ses auditeurs et de ses invités, mais de là à militer, drapeau québécois au bout du bras, il y a une marge.

Paul Azzaria disait toujours : « *In the word intense, there's the word tense* ». Là réside la grande ironie du « magazine des Québécois libérés » : toutes les communications entre le proprio et le rédacteur en chef se déroulaient en anglais pendant que tout autour, le débat sur le statut de la langue française au Québec faisait rage. Mais quand il s'agissait de fric, le langage prisé sur Bay Street avait préséance. Georges Haroutiun et René Homier-Roy s'occupaient de l'aspect créatif du *Nous*; Paul Azzaria en était le financier. Dans l'esprit de René, cette aventure – intense – reste l'une des plus intéressantes de sa vie.

Quatre ou cinq ans après le lancement du magazine, le fidèle complice, Georges, est parti à Toronto pour y poursuivre sa carrière et mettre son talent au profit d'autres publications. Grâce à lui, le magazine *Applied Arts,* qu'il a lancé, et qui est consacré au design et à la « communication visuelle », a particulièrement su se distinguer.

Sans Georges, la situation du *Nous* est devenue beaucoup plus fragile. Jusqu'ici, René se contentait d'un salaire ordinaire, beaucoup moins élevé qu'à *La Presse*, où les heures supplémentaires étaient rémunérées. Le travail étant stimulant, et le manque à gagner étant compensé par des contrats à la télévision, il ne disait mot. Au début de l'aventure, promesse fut pourtant faite de la part du propriétaire qu'en cas de succès, les profits seraient partagés équitablement. Quand le plateau des 100 000 exemplaires a été atteint, la somme qu'il a offerte aux deux créateurs était ridicule. Georges a pris la décision de se retirer. René aurait pu en faire autant mais comme il entretenait un lien affectif très fort avec son magazine, il est resté.

Progressivement, Paul Azzaria a perdu intérêt. Plutôt que de réinvestir ses profits dans ses publications, il a préféré s'épivarder ailleurs. *Nous* s'est mis à péricliter. Le coup de grâce a été provoqué par une série de photos de nus, très particulière, très artistique, dans laquelle des corps de toutes formes et de tous âges étaient mis en valeur. Or, le directeur des ventes, un anglophone unilingue de Pointe-Claire, s'est empressé d'aller dire aux agences de publicité de la Ville Reine que le magazine proposait maintenant de la porno. Les pages de publicités perdues à cause de cet impair pouvaient difficilement être comptabilisées tellement elles étaient nombreuses. Les agences ont cru que le *Nous* se transformait désormais en magazine de cul, bien qu'en vérité, les fameuses photos de nus n'avaient aucune connotation sexuelle. René n'a jamais su si le vendeur a mal présenté le projet, ou s'il a consciemment fait un acte de sabotage. Qu'importe, le résultat fut le même. Les ventes ont dramatiquement chuté.

Un jour, il a fallu se rendre à l'évidence. Le *Nous* ne pouvait plus survivre dans la forme qui avait assuré son succès. Une pancarte «à vendre» fut installée à l'entrée. Parmi les deux ou trois «courtisans» qui se sont pointés à la porte, il y avait un éditeur de Vancouver, un dénommé Ronald Stern, propriétaire de publications distribuées gratuitement, dont le contenu n'avait rien à voir avec celui d'un magazine de société. Que ce type soit installé tout à l'autre bout du pays constituait peut-être un avantage. René s'est dit qu'il valait mieux faire affaire avec quelqu'un vivant très loin, qui laisserait le champ entièrement libre, plutôt que de venir mettre constamment ses bâtons dans les roues. L'idée de toujours avoir quelqu'un dans les pattes pendant les opérations quotidiennes ne lui souriait pas du tout.

Le *Nous* a donc été vendu à Pacific West Publication. Quand il y repense, René estime qu'il a fait le pire des choix. Au départ, les relations avec le nouveau pourvoyeur étaient cordiales, mais, sans qu'il n'ait jamais trop su pourquoi, on a commencé à se méfier de lui dans la métropole de la côte ouest. D'esprit indépendant, René était du genre à tasser les consignes et en faire plutôt à sa tête. Le service des ventes a cependant été réorganisé. Il fut arrimé à l'organisation de Vancouver, même si les deux marchés n'ont pratiquement rien en commun.

Quand la situation a commencé à battre de l'aile, on a laissé savoir à René que la seule solution pour lui était de contribuer au capital du magazine, à hauteur d'environ 25 %. En clair, les gens de Pacific West Publication espéraient obtenir de sa part un investissement d'environ 300 000 dollars. René ne disposant pas de cette somme, la banque lui a consenti un prêt.

Sans doute aveuglé par l'affection profonde qu'il éprouvait pour son «bébé», il s'est rendu compte – trop tard – que ses associés britanno-colombiens, en plus de n'avoir aucune réelle expertise dans le domaine, ne partageaient pas du tout la même vision que lui. «Erreur capitale» dit-il. Aucune conciliation n'étant possible, et le salaire diminuant d'un mois à l'autre, René a fini par démissionner. Les tout derniers numéros du *Nous*, auxquels il n'a participé d'aucune façon, traduisent vraiment la vision de la bande vancouveroise. L'intérêt du public québécois était tellement réduit que l'entreprise n'aura finalement survécu que quelques mois au départ de René.

À la demande de l'éditeur Jean Paré, qui avait besoin d'un homme d'expérience, René s'est alors occupé du magazine *Via Rail* pendant un an. Son mandat a été d'essayer de remonter cette revue « d'un ennui mortel », qui avait grandement besoin d'être dépoussiérée. La perspective de pouvoir élaborer un magazine à sa manière se révélait irrésistible. Et puis, il aimait l'idée de pouvoir embaucher des gens et contribuer à l'émergence de nouveaux artistes. Les deux premiers numéros qu'il dirige sont, à son avis, « formidables ». Et les deux autres, « pitoyables ». En cours de route, il a dû reconnaître que sa passion pour le métier de rédacteur en chef de magazine n'était plus aussi vive qu'auparavant, que le cœur n'y était plus vraiment.

Bourgault

Comme tout le monde, j'ai découvert cet orateur hors du commun aux beaux jours du RIN, le parti qu'il s'est acharné à promouvoir avant de le saborder. Mais je ne l'ai vraiment connu qu'après la chute, si on peut dire, alors que des amis communs allaient lui porter à manger tant il était démuni. Situation insupportable pour cet homme fier et orgueilleux.

C'est à ce moment-là que je lui ai proposé d'écrire pour *Nous*. Toutes sortes d'articles – des impressions, des entretiens, des traductions, même. Il était excellent, fiable, son travail, impeccable.

Et puis un jour, alors que justement je lui demandais de traduire un texte acheté à la revue américaine *Cosmopolitan*, il m'a dit, en gros, que j'étais vraiment con de payer doublement pour publier ce genre de choses, et qu'il pourrait très bien les inventer lui-même. C'étaient des textes assez «olé olé» d'habitude, et signés par des femmes. Un détail que je lui ai fait remarquer. C'est alors qu'est née Chantal Bissonnette, une cochonne assumée dont Pierre prenait un plaisir fou à explorer la libido. La plaisanterie a duré un bon bout de temps, jusqu'à ce qu'un jour il déclare à la radio: «Chantal Bissonnette, c'est moi!» Fin de la récréation.

Il y a cependant eu un dommage collatéral à cette aventure. Un soir, lors d'une première à la Place des Arts, je croise mon ami Jean Bissonnette, grand réalisateur à la télé, accompagné de ses deux filles. Je vais les saluer et tout de suite je comprends que quelque chose ne va pas : une des filles de Jean me tourne littéralement le dos, et lui, le sourire malicieux et l'œil pétillant, fait mine de ne se rendre compte de rien. Soudain ça me frappe : la fille de Jean s'appelle Chantal. Chantal Bissonnette !

Suivent explications, excuses et tout le tintouin : à l'école, ses camarades la traitaient de cochonne. Je me suis excusé, Jean a rigolé. Et c'est à ce moment-là que Bourgault a fait son *coming out*. Fin de l'épisode.

Bourgault, tous ses amis le savent, avait de gros défauts : méchant parfois, excessif tout le temps, brillamment de mauvaise foi souvent. Mais il avait aussi d'immenses qualités : son intelligence, bien sûr, son humour, sa ténacité, sa générosité. Et une fidélité à toute épreuve.

Il n'a jamais cessé de raconter à qui voulait l'entendre combien je l'avais aidé. Mais il taisait ce que lui m'avait apporté en retour. Car ce magazine qui m'avait permis de lui garder la tête hors de l'eau a fini par m'engloutir. Et c'est Pierre qui a exigé de la direction de CKVL, qui lui proposait d'animer l'émission du matin, que je coanime avec lui (déjà les aurores !). Ça a duré une seule saison, mais une saison intense…

Car c'est à ce printemps de 1982 qu'a eu lieu le rapatriement de la Constitution. Et que j'ai assisté à une joute verbale d'une grande violence. À Londres, Jean Chrétien ; à Montréal, Pierre Bourgault. À peine le micro ouvert, Bourgault attaque ; Chrétien réplique, avec la fougue qu'on lui connaît. Et le ton monte, et les noms d'oiseaux s'envolent. Je suis, moi, confondu. Et devenu muet devant de si violents débordements.

Des années plus tard, j'ai écouté l'enregistrement de ces moments-là : pendant la quinzaine de minutes que dure l'affrontement, on ne m'entend pas respirer. Littéralement.

Plus tard, après l'élection du PQ, Pierre s'est un peu rapproché de René Lévesque. Qui a accepté de lui accorder un grand entretien à être publié dans un magazine que Bourgault souhaitait lancer.

Cette rencontre s'est déroulée dans mon jardin, à Westmount. Sans anicroches. Sauf que le passage du premier ministre du Québec dans cette bourgade a laissé des traces : le lendemain matin, sur la porte de garage de mon voisin (le designer des wagons du métro de Montréal, Jacques Guillon), était barbouillé «*Frogs go home!*». En 1977.

R. H.-R.

Chapitre 9

LUCY IN THE SKY WITH DIAMONDS

Quand les années soixante sont arrivées, entraînant dans leur sillage tout le mouvement de la contre-culture, René était déjà un adulte majeur, vacciné et... très sage. Il a passé à travers cette décennie en construisant sa carrière professionnelle, sans trop souscrire au mode de vie qu'empruntaient les hippies, ces ancêtres des *hipsters*, ni les disciples du *flower power* et du *peace and love*. En vérité, il vivra sa crise d'adolescence vers l'âge de trente-cinq ans, avec les excès qui s'y rattachent.

Même s'il n'a jamais été accro aux substances illicites, du moins, pas au point où le bon fonctionnement de sa vie en serait atteint, René a quand même dû apprendre à la dure le prix de ses petites consommations récréatives. Son comptable lui a en effet un jour demandé quelle était la nature des dépenses qu'il n'en finissait plus de trouver dans ses rapports. Des petits chèques de 150 dollars par-ci, 300 dollars par-là; 450 parfois. «Quoi? Ça? Bah!... Ce n'est rien!» La réponse du comptable ne s'est pas fait attendre: ce «rien»-là a coûté à René 16 800 dollars en une seule année! Avec cette somme, énorme dans les années soixante-dix, il constate qu'il aurait pu faire le tour du monde. Aussi a-t-il tout arrêté d'un coup, *cold turkey*. Il n'a plus rien consommé de cette nature depuis.

Cette période vaporeuse comporte évidemment son bon lot d'anecdotes. Certaines sont drôles ; d'autres auraient pu avoir de très fâcheuses conséquences. Son ami Yvan Dufresne, producteur de disques très connu, a même dû passer une nuit en prison à cause d'une transaction de cocaïne que lui avait commandée René. La surveillance policière dont faisait l'objet son ami n'était sans doute pas seulement due à ce « petit service », mais le fait est que les limiers l'ont pincé au moment où il était en train d'effectuer une transaction pour lui. Quand Yvan lui a téléphoné le lendemain de son arrestation pour lui apprendre qu'il figurait à la une du *Dimanche-Matin* avec une « belle » photo, René s'est senti très coupable. Malgré tout, l'amitié entre les deux hommes est restée solide. Cette époque a aussi été marquée par de nombreuses soirées entre amis, parmi lesquels se glissaient parfois des gens – amis, amants des uns et des autres, connaissances – qui s'adonnaient aussi à être des *dealers*.

« Un jour, nous étions chez Yvan, dans sa belle maison du carré Saint-Louis, raconte René. On cherchait quelque chose, je ne sais plus quoi. Yvan a tendu la main vers un gros bol recouvert d'un chapeau de cow-boy. En cherchant, il appuie accidentellement sur le chapeau. Comme il y avait une cuillère à l'intérieur du gros bol, la place entière s'est couverte d'un gros nuage blanc. Il y avait de la coke partout et, évidemment, nous nous sommes tous empressés de prendre une petite ponction. Je n'ai toutefois jamais eu de vrais problèmes de toxicomanie. Comme tout le monde, on fumait du pot, du hasch, mais mon conjoint ne nous suivait pas du tout là-dedans. La seule fois où Pierre s'est intoxiqué, c'était parfaitement involontaire. »

Ce soir-là, le couple dînait chez Jean-Louis Robillard, qui avait préparé un plat de brownies. Tout le monde savait que ces petites gâteries contenaient un ingrédient particulier, sauf Pierre. René n'avait même pas cru bon de le mettre en garde tellement tout cela relevait de l'évidence. Mais ce qui devait arriver arriva. Les brownies étaient succulents, et le conjoint de René d'en manger goulûment trois ou quatre avant de se ramasser au lit. Lui qui n'était pas attiré vers ce genre de choses du tout, même si elles s'inscrivaient dans l'air du temps, était, pour une rare fois, furieux.

Pour donner une idée à quel point la consommation de drogue était répandue au début des années quatre-vingt, René se souvient qu'au moment où il dirigeait le magazine *Ticket* un gars est déjà entré dans les bureaux avec un énorme sac de cocaïne oublié dans les toilettes en demandant à la volée à qui cette substance blanche pouvait bien appartenir. Il a même fait le tour de tous les bureaux pour trouver le propriétaire. «Pour rire, j'ai dit à Pierre que j'aurais dû le prendre, raconte René. Il m'a répondu comme on répond à un enfant : Non, on ne fait pas des choses comme ça, René. Ce n'est pas bien!»

René ne cache pas avoir «beaucoup expérimenté». Quand il a parlé de sa consommation de LSD et de champignons magiques à la radio, avec Jacques Languirand, des auditeurs s'en sont offusqués en prétextant que les deux hommes mûrs donnaient «le mauvais exemple aux jeunes», qui, précise ironiquement René, devaient constituer la grande majorité des auditeurs de vétérans comme Languirand et lui. «Mais il est vrai que le LSD is a *mind expanding drug*», dit-il. «Elle ouvre ton esprit à des choses mais elle peut aussi provoquer des *bad trips*. Heureusement, je n'en ai jamais fait. Grâce au LSD, tu peux te rendre à des endroits où tu n'irais pas autrement. Si tu es attentif à toi-même, tu peux même en tirer des conclusions.»

Pendant longtemps, l'élaboration d'une série d'information sur les drogues a été envisagée. Des réunions ont même été organisées aux Productions du Verseau, mais le projet ne s'est finalement jamais concrétisé. L'occasion de pouvoir évoquer son expérience personnelle avec les substances illicites dans un contexte professionnel s'est ainsi envolée. Aux yeux de René, le LSD amplifie tout ce qu'un être humain peut ressentir, dans un sens ou dans l'autre. Qu'il s'agisse de sentiments d'amitié, d'attirance sexuelle, mais aussi, hélas, la tristesse et la dépression. Il rappelle en outre un épisode peu élégant pendant lequel, sous l'effet d'un *high* de LSD, il rigolait comme un bossu avec un gars rencontré par hasard en vacances alors qu'un autre ami, Yvan Dufresne en l'occurrence, sombrait dans une profonde mélancolie après une rupture amoureuse et menaçait de se jeter à l'eau au bout d'un quai.

Sont venus ensuite les champignons magiques. «Plus sensuels que le LSD, indique René. C'est comme un *trip* de peau, très agréable. Mais ça goûte la marde! Il faut toujours le prendre – conseil ici – avec autre chose. Personnellement, je le prenais avec du scotch parce que le goût du champignon était du coup anéanti. L'effet est très planant. C'est comme prendre du LSD, sans risque de faire de *bad trip*, sans crainte d'un retour difficile. Avec les champignons, je finissais par m'endormir et je me réveillais en pleine forme. Il faut dire qu'à cette époque on pouvait se procurer des trucs de très bonne qualité. Aujourd'hui, jamais je n'oserais. Je me méfie même du pot. Tous ces éléments réunis ont fait que j'ai tout laissé tomber. Aujourd'hui, à mon âge, ça ne m'intéresse plus. Mais vraiment plus.»

Pitou Laclaque

Cette aventure, je l'ai racontée des dizaines de fois. Avec, chaque fois, la même réaction mi-amusée, mi-incrédule.

L'action se déroule en deux actes.

La première partie s'est passée à la Place des Arts de Montréal, où Petula Clark faisait un *show*. Dans le vrai sens du terme, d'ailleurs, car ce spectacle-là était une manière de répétition de celui qu'elle allait donner à New York peu de temps après. Une répétition en anglais. Certaines de ses chansons étaient dans cette langue, d'autres en français, mais, entre chacune, c'est en anglais qu'elle faisait les liens.

J'étais, à cette époque, chroniqueur de spectacles à *La Presse*. Et j'ai souligné, dans ma critique, cette énormité. Dont elle n'était pas, à mon avis, responsable, mais qu'il fallait plutôt reprocher à son producteur, dont la sensibilité (linguistique, politique) était visiblement à *off*... Le référendum raté de 1968 était encore présent dans les esprits et dans les cœurs, faut-il le dire. Sauf dans le sien, de toute évidence.

Le deuxième acte se passe à New York, quelques mois plus tard, lors du lancement de *Goodbye, Mr. Chips*, un film qui mettait en vedette Peter O'Toole et Petula. J'y suis invité et je me retrouve autour d'une table avec quelques journalistes, et Petula. D'entrée de jeu, on nous demande de nous présenter. Rendu à mon tour, je sens que quelque chose ne va pas : la star me regarde fixement, longuement, puis elle se lève, vient vers moi et me donne une formidable claque !

Claude Wolff, son mari et manager à cette époque, se précipite (de peur que je lui rende la pareille ?) et l'entraîne un peu plus loin.

La suite de cette rencontre est plongée pour toujours dans un brouillard épais. Car c'était la première fois dans ma déjà longue carrière que je me faisais agresser.

Ma vengeance ? Je raconte cette histoire-là partout. Et je l'ai rebaptisée Pitou Laclaque.

R. H.-R.

À PROPOS
DE MUSIQUE
ET DE CHANSON (BIS)

Les années quatre-vingt ont été plus difficiles pour les artistes québécois mais pendant ce temps, de grandes stars de la pop se sont imposées, les Michael Jackson, Prince, Culture Club, et compagnie. J'écoutais leur musique comme tout le monde, sans être un fervent admirateur. Certaines de leurs chansons me plaisaient ; d'autres, moins. J'ai toujours fait preuve d'éclectisme dans mes goûts, peu importe le domaine, et je suis très ouvert à cet égard, je l'ai toujours été. Je dois être assez représentatif du grand public car je succombe facilement à des chansons accrocheuses. Quand j'en aime une, j'ai tendance à l'écouter en boucle. Parfois, il se peut que je prédise une grande popularité à des artistes qui, en réalité, viennent un peu plus du champ gauche. C'est le cas de Lou Doillon, que j'adore. J'étais certain que ses chansons allaient tourner à plein régime !

Cette époque a aussi été marquée par un changement notoire sur le plan technique : le remplacement du vinyle par le «Compact Disc», le CD. Étant personnellement «techno-nono», je mentirais si je disais que ce genre de chose m'excite vraiment le poil des jambes, mais je suis le courant. J'ai donc acheté l'équipement qu'il fallait, racheté plein de disques en CD, mais, pour être bien honnête, je n'ai pas l'oreille assez fine pour relever les nuances que certains font entre les enregistrements analogiques et numériques. Le fait est que ma remise est encore bourrée de microsillons, sans doute plus de mille, mais faire le tri dans tout cela représente pour moi quelque chose de terrifiant.

L'industrie s'est aussi profondément modifiée avec l'arrivée du vidéoclip et, surtout, les chaînes de musique continue à la télévision. À mes yeux, l'aspect « révolutionnaire » résidait dans le fait que la chanson pop disposait maintenant d'un formidable outil de promotion. Sur le plan de la forme, le vidéoclip n'était cependant pas nouveau. Je me souviens d'une émission que j'écrivais pour Michel Trahan, intitulée *Les copains d'abord*, dans laquelle on diffusait des « scopitones », les ancêtres des vidéoclips. La France en produisait mais nous en produisions aussi, quelques-uns, souvent réalisés par des cinéastes. Cette technique exigeait de gros moyens, ne serait-ce que pour l'appareillage. Comme nous en étions encore aux premiers balbutiements, il y avait forcément des maladresses. Quand le vidéoclip est arrivé, vingt ans plus tard, j'avais déjà passé l'âge de m'installer devant Musique Plus pour regarder des clips toute la journée, mais en zappant, on pouvait tomber sur des trucs fort intéressants.

La fin de cette décennie-là a aussi vu l'arrivée de Céline Dion. Quand l'enfant s'est retirée pendant quelque temps pour revenir en jeune femme avec l'album *Incognito*, c'était comme si on assistait pour la première fois à une mise en marché à l'américaine, parfaitement orchestrée par René Angélil. Si elle n'avait pas rencontré cet homme-là, Céline aurait assurément eu droit à une carrière intéressante, mais sans doute pas de l'ampleur de celle qu'elle mène depuis trente ans. Son parcours est très spectaculaire. Je me souviens très bien où j'étais quand j'ai entendu *My Heart Will Go On* la première fois. J'étais assis dans une salle de cinéma, et le générique de fin de *Titanic* venait de commencer. Arrive alors cette chanson magnifique, formidable point d'orgue au film. Je n'en revenais pas de voir des gens quitter la salle quand même!

Luc Plamondon lui a écrit des chansons remarquables, Jean-Jacques Goldman aussi, bref, René a su faire ce qu'il fallait pour que Céline devienne rapidement une star internationale. Je n'ai jamais connu René Angélil intimement, mais je l'ai croisé souvent à l'époque des Baronets. Il était comme le nez de Pinocchio au beau milieu du visage tellement il ressortait du groupe qu'il formait avec Pierre Labelle et Jean Beaulne. C'était un gars brillant mais il aurait pu se casser la gueule.

Dans le club des très grandes vedettes populaires nées à cette époque, il y a aussi eu Roch Voisine, à qui Nathalie Petrowski avait prédit une grande carrière «municipale» à *La bande des six*. Moi, je l'ai toujours défendu, parce qu'il a du talent. Et qu'il sait ce qu'il fait. Un jour, le réalisateur Jean Bissonnette m'a invité à assister au visionnement privé d'un documentaire dont Roch était le sujet. Pendant la projection, j'ai été davantage intéressé à regarder Roch se regardant dans le film, qu'à regarder le film lui-même. À ce moment précis, je me suis aperçu que Roch Voisine n'était pas aux gars, que Roch Voisine n'était pas aux filles, mais que Roch Voisine était seulement à Roch Voisine, tellement il était éperdu d'amour pour lui-même. Il n'avait sans doute pas tort mais c'était vraiment frappant. Au fil des ans, je me suis aperçu que cette attitude était très présente chez les gens qui font de la musique. Ils ont sur eux-mêmes – il le faut j'imagine – une fixation encore plus grande que les acteurs. Comme leur produit, c'est eux, ils ont sans doute besoin de cet amour-propre pour provoquer l'amour des foules.

Du côté des auteurs-compositeurs, cette époque a aussi été marquée par l'arrivée de deux artistes importants : Jean Leloup et Richard Desjardins. Leloup est doté d'un talent fou. Il fait des choses étonnantes et très urbaines. D'une certaine façon, il est aussi l'héritier des plus anciens, mais dans un registre beaucoup plus *flyé*. Richard Desjardins est aussi un immense auteur-compositeur-interprète. Mon amie Marie-Hélène Roy m'avait fait entendre une bande de démonstration qu'il avait envoyée, sans succès, à toutes les stations de radio. Quand je l'ai vu la première fois, il avait l'allure d'une petite bête en cage. Il a vite gagné en assurance par la suite mais, déjà, ses chansons étaient grandes. Desjardins est l'héritier direct des plus grands chansonniers de l'époque, mais il était pratiquement tout seul à occuper ce créneau-là dans les années quatre-vingt-dix. Je n'ai pas du tout aimé le disque hommage qui lui a été consacré récemment. Je n'aime pas cette formule, de toute façon ; son seul avantage, c'est de nous donner envie d'aller réécouter les enregistrements originaux. Je trouve consternant que l'industrie du disque ne repose aujourd'hui pratiquement plus que sur des reprises et carbure à la nostalgie.

Après le nouveau blues post-référendaire de 1995, nous sommes vraiment passés à l'ère de la mondialisation, et les thèmes qu'abordent les auteurs-compositeurs québécois ne sont alors plus les mêmes qu'avant. La quête identitaire n'est plus évoquée du tout et nous tombons plutôt dans le «moi, je, toi», à peine «nous». C'est presque inévitable, car cette approche reflète parfaitement l'époque dans laquelle on vit, de la même manière que celle des chansonniers d'il y a trente ou quarante ans. Claude Léveillée n'était pas politisé mais il a quand même écrit la superbe *Mon pays*. Tous les chansonniers de cette époque étaient portés par leur jeunesse, mais aussi par un grand projet collectif – un pays à faire – et le souffle historique qu'il a charrié avec lui. Un tel point de convergence pousse à écrire de grandes choses. Maintenant, l'individualité prime et les auteurs-compositeurs ont tendance à aborder dans leurs chansons des choses plus intimes qui les touchent personnellement. Cela peut quand même parfois donner de fort jolies choses.

Le XXIᵉ siècle a aussi amené une façon complètement différente de diffuser et de consommer de la musique. J'ai d'ailleurs du mal à comprendre comment cette industrie parvient à survivre. Pour celui qui connaît le moindrement la façon de procéder, il est tellement facile de tout obtenir gratuitement de nos jours. Et même si les sites d'écoute comme Spotify paient les artisans, ça n'est quand même pas le Pérou et ça reste difficile pour les artistes qui chantent en français.

Il serait un peu délicat de ma part de reprocher à des artistes francophones de chanter en anglais car je me suis moi-même beaucoup fait reprocher d'employer des mots issus de la langue de Shakespeare à la radio. Je le faisais à bon escient à mon avis, car il est vrai que certains mots anglais correspondent davantage au *feeling* de l'émotion. C'est de là qu'est née l'expression «Comme disent les Chinois» d'ailleurs. Je ne me suis jamais senti responsable d'aucune façon de l'anglicisation de la langue. Je n'en ai jamais eu le sentiment, en tout cas.

Avec la mondialisation vient aussi l'envahissement de la langue dominante dans la culture et j'avoue que cet état de fait me préoccupe. En France, la culture est véritablement en péril mais les Français ne semblent pas s'en rendre compte. On a parfois l'impression qu'ils vivent comme des insulaires en pensant toujours que rien ne pourra jamais les atteindre, ni changer leur mode de vie. L'attrait de l'anglais, qui vient en grande partie de la musique, s'infiltre pourtant dans toutes les sphères de la société. Je crois qu'il y a désormais plus d'artistes français qui chantent en anglais que dans leur propre langue. Quand on lit des journaux et magazines français, on en vient par moments à se demander dans quelle langue les articles sont écrits. Même si l'Académie française sert de chien de garde, ça ne change rien à ce qui se passe dans la rue. L'anglais est en train de s'implanter comme un «français bis» grâce à une graine qui a été plantée il y a très longtemps. Comment se battre contre un courant qui a la force d'un tsunami? En courant? En espérant trouver un grand building où se réfugier sur son chemin?

Ce phénomène n'est pas que français. On y assiste aussi chez nous. Bien sûr, il y a Céline mais je ne crois pas qu'on puisse faire d'elle un cas d'espèce. Du moins, pas sur le plan de la langue. Elle vit une espèce de schizophrénie linguistique, qui fait qu'elle mène deux carrières de front, l'une pour la planète; et une autre, plus spécifique aux pays francophones, avec, presque, des images différentes. Même si plusieurs artistes québécois de la nouvelle génération choisissent l'anglais (Pascale Picard, Charlotte Cardin), il reste qu'on sent quand même un sentiment d'appartenance assez fort chez les auteurs-compositeurs comme Louis-Jean Cormier, Patrice Michaud et quelques autres.

Je voue une très grande admiration au groupe Les trois accords. Simon Proulx est un personnage remarquable, très talentueux. À mes yeux, ces gars-là ont aujourd'hui la même pertinence que celle qu'avaient les chansonniers il y a cinquante ans. Leurs chansons reflètent la société dans laquelle ils vivent, et ils utilisent les mêmes armes, le même talent, pour mettre de l'avant différents thèmes, parfois délicats. Des chansons comme *Elle s'appelait Serge* ou *Je me touche dans le parc*, et tant d'autres – je les aime toutes – peuvent paraître drôles au premier abord mais, quand on creuse un peu, on y trouve un vrai propos. Emprunter cette forme-là pour nous entraîner dans des choses plus profondes est un grand signe d'intelligence. Cela correspond parfaitement à l'air du temps aussi. Par ailleurs, la présence du franglais dans les chansons de Lisa Leblanc ou des Dead Obies suscite un débat intéressant. Quant au chiac du groupe Radio Radio, je n'en saisis pas un traître mot! Mais comme Radio-Canada fait une fixation sur les régions, on les entend beaucoup!

Le phénomène de l'émission *La Voix* a fait beaucoup plus de tort que de bien à l'industrie, à mon sens. TVA poserait sans aucun doute un regard différent sur cet énoncé, mais à mon avis, le côté trop formaté de cette émission tue le vrai talent. Heureusement, des gens comme Charlotte Cardin ou Mathieu Holubowski parviennent ensuite à s'imposer avec leur propre matériel. Mais ils relèvent de l'exception. Au Québec, on réussit cependant – beaucoup plus qu'ailleurs – à faire des vedettes des participants de ce genre d'émissions. Marie-Mai n'était pas sortie gagnante de Star Académie mais elle a fait son chemin, même si, personnellement, je n'apprécie pas sa musique. Elle est emblématique de notre époque, et cela me consterne.

J'essaie de toujours rester à niveau sur le plan musical. Pour ce faire, j'ai l'extraordinaire chance d'avoir autour de moi des gens très dévoués. Des amis calés en la matière ont le mandat précis de choisir et de me faire parvenir des pièces musicales susceptibles de m'intéresser. Je n'ai plus envie d'écouter de la musique de façon prospective. L'un des réalisateurs de *C'est bien meilleur le matin*, Stéphane Tremblay, qui est aussi musicien (il était membre du groupe Villeray), fait partie de mon escouade musicale, tout comme Marie-Christine Blais, à qui j'ai donné la mission de me surprendre. Parfois, j'accroche sur des pièces qui resteront et que j'écouterai en boucle, comme, par exemple, les disques de Lou Doillon.

Dans ma voiture, j'en suis encore aux CD. C'est d'ailleurs dans cette coquille d'écoute, dotée d'un bon système de son, que je consomme ma musique, essentiellement. J'y ai découvert et apprécié des artistes auxquels je n'aurais peut-être pas accroché dans un autre contexte. J'ai beaucoup écouté Marie-Jo Thério en voiture, une artiste étonnante, à côté de laquelle je serais sans doute passé si je n'avais pas eu de route à faire. Elle avait été révélée grâce à *Nelligan*, l'un des plus beaux spectacles du genre. Le livret de Michel Tremblay était magnifique, la musique, très lyrique, d'André Gagnon aussi. La chanson *L'indifférence*, remarquablement interprétée par Renée Claude, m'est toujours restée en tête comme un ver d'oreille.

Nelligan a été monté en 1990 par l'Opéra de Montréal. Je suis très sensible au genre, dans la mesure où je peux être facilement irrité. Même si j'ai été initié à la musique classique à un très jeune âge, j'ai eu beaucoup plus de difficulté à apprécier l'opéra. Mon conjoint Pierre en a pourtant réalisé plusieurs pour la télévision de Radio-Canada. Les conventions de l'opéra changent beaucoup, heureusement, mais cette forme d'art est encore trop souvent victime de metteurs en scène incompétents. Je trouve par ailleurs formidable l'idée de présenter des captations en direct dans les salles de cinéma, mais encore faudrait-il embaucher des réalisateurs qui savent comment bien faire. La captation est une spécialité que peu d'entre eux maîtrisent.

Pendant des années, je me suis complètement désintéressé de l'opéra. En réfléchissant à la question, j'ai compris pourquoi. Bernard Huzan a été nommé directeur de l'Opéra de Montréal dans les années quatre-vingt, et ce fut catastrophique. Cet homme dénué de talent a presque tué l'opéra à Montréal. Sous sa gouverne, on montait quatre spectacles par an, dont deux étaient produits par des opéras de dernière zone à Détroit ou à Miami. Il signait lui-même les mises en scène des deux autres. À un moment donné, tu te tannes d'être tanné.

Je me suis réconcilié avec cet art quand j'ai vu, il y a une vingtaine d'années, *Le château de Barbe-Bleue* au Centre national des Arts d'Ottawa, dans une mise en scène de Robert Lepage. D'avoir réussi à convaincre des chanteuses et des chanteurs d'opéra de chanter dans l'eau constitue déjà un exploit. Cette mise en scène tout à fait étonnante m'a fait comprendre qu'il y avait de la place pour de l'évolution dans cet art.

Plusieurs cinéastes ont été sollicités pour signer des mises en scène d'opéras; on pense à Patrice Chéreau, François Girard, Robert Lepage, Michael Haneke et bien d'autres, et je crois que c'est par eux que l'opéra parviendra peut-être à se renouveler. L'ennui, c'est que les abonnés veulent souvent revoir les opéras qu'ils ont déjà aimés. Difficile d'innover dans ce contexte.

Sida

Ce fléau a touché beaucoup de gens de ma génération, de loin, la plupart du temps, mais aussi de plein fouet, souvent.

J'y ai perdu des amis, parfois très proches, dont le dépérissement, les terribles stigmates du sarcome de Kaposi, l'effrayante rapidité de l'évolution de leur mal ou sa cruelle lenteur, m'ont longtemps hanté.

On s'habitue à côtoyer le mal; c'est en tout cas ce que j'imaginais. Jusqu'au jour où, brusquement, sans raison, j'ai cessé de lire le *Village Voice*, excellente publication new-yorkaise consacrée aux arts et à la politique.

Ce n'est que des années plus tard que j'ai compris : chaque semaine, j'apprenais par cette publication la mort de tel comédien, de tel danseur, de tel écrivain, des gens que je ne connaissais que par leurs œuvres qui, justement, m'importaient. C'était devenu trop.

Je m'en suis remis. Mais pas le *Village Voice* qui, en perdant ceux et celles qui l'inspiraient, est devenu sans âme. Depuis, je n'ai jamais plus eu envie de le feuilleter…

R. H.-R.

Chapitre 10

LE RÊVE BRISÉ

À une époque où le succès du *Nous* était encore fort honorable, René a consacré au moins six mois de sa vie à un projet qui, malheureusement, n'a jamais vu le jour. Pour cet homme de magazines, la déception fut immense. À son avis, l'occasion de disposer de moyens aussi imposants pour concevoir et produire une publication de prestige ne peut se produire qu'une fois dans une vie.

Les nombreux messages que lui ont laissés des intervenants des musées nationaux du Canada ne suscitaient pourtant guère son intérêt au départ. De guerre lasse, il leur a consenti un rendez-vous, sans connaître leurs raisons, sinon celle d'un « projet dont ils aimeraient discuter ». Après les avoir fait longtemps languir, René invite ses interlocuteurs – par pure politesse – à venir le rencontrer au restaurant Les chenets, rue Bishop, tout juste à côté des bureaux du *Nous*, qui occupaient une vieille partie en brique du Musée des beaux-arts.

Le programme de la journée étant fort chargé, René indique qu'il ne peut consacrer plus d'une heure à cette rencontre. Arrivent les deux émissaires, qu'il ne connaissait « ni des lèvres ni des dents », qui commencent à faire le *pitch* d'un projet de magazine conçu pour faire honneur au patrimoine. Patrimoine? Vraiment? En entendant ce mot, René a le réflexe de penser à une chaise en babiche, un métier à tisser, des sculptures de bois «gossées» n'importe comment, des courtepointes ou «des affaires de même». Peu importe comment il l'interprétait, ce mot n'avait strictement rien pour l'exciter. Zéro intérêt. «Rien pantoute.»

Pendant la discussion, au moment même où son esprit erre discrètement vers le prochain rendez-vous ou les mille problèmes à régler au bureau, un chiffre magique est lancé par l'un des deux inconnus: «un million de dollars». À la fin des années soixante-dix, cette somme est tout à fait inhabituelle quand on évoque la production d'une revue. Pour être certain d'avoir bien entendu, René demande à ce qu'on lui répète le montant du budget alloué au projet. Il apprend qu'en fait, la totalité de ce budget se situe à deux millions de dollars environ, histoire de produire aussi un magazine de langue anglaise. Pour chacune des versions, les musées nationaux disposent d'une subvention de 400 000 dollars, ainsi que d'un prêt de 600 000 dollars, remboursable au moment où le magazine commencera à générer des profits.

Pour le directeur du *Nous*, habitué à produire son magazine avec de modestes moyens, la perspective était très alléchante. Encore fallait-il s'entendre sur la notion de patrimoine. Les deux compères, que René trouve soudainement très sympathiques, évoquent alors une définition très large. «Ce sont les choses qui restent», disent-ils. À défaut de «spinner» comme celle de *Beetlejuice*, la tête de René commence à surchauffer sérieusement. Le patrimoine planétaire s'amène dans la conversation, un peu comme la définition qu'en fait déjà le magazine *Géo*. Dans ce concept, on peut mettre ce qu'on veut.

Le projet étant initié par un ministère, un concours fut organisé en vue de l'attribution de cet important contrat. Cinq ou six équipes étaient sur les rangs au départ. On avait consenti à chacune d'entre elles une somme de 5000 dollars afin qu'elles puissent soumettre leur présentation devant un comité des musées nationaux, formé spécialement pour l'occasion. René a bien entendu fait appel à Georges Haroutiun, le fidèle complice avec qui il avait conçu le *Nous*. Les deux hommes ont ainsi fabriqué la une du magazine *Écho*. Ils étaient aussi fiers de leur travail graphique que du titre qu'ils avaient choisi. Car une voix d'aujourd'hui deviendra un écho plus tard. Ce qu'on entend, ce que l'on voit, ce que l'on vit, découle également de l'écho du passé. Bref, aux yeux de René, ce titre pouvait englober tous les thèmes. Il aurait aussi pu convenir à la version anglaise mais à cette étape, le magazine destiné au public de l'autre solitude faisait désormais l'objet d'un concours distinct.

Après la présentation qu'a faite René, qui s'était rendu à Ottawa pour faire valoir leur projet, l'accueil du comité fut si chaleureux qu'à la sortie, René a eu l'impression que l'affaire était pratiquement conclue. Avec beaucoup de tact, les évaluateurs lui ont toutefois fait comprendre qu'il était peut-être problématique de diriger à la fois un magazine comme celui-là et le *Nous*, qui fait moins « sérieux ». On l'incite à trouver un associé pour qui le milieu muséologique n'a plus de secrets, histoire de rassurer tout le monde.

René pense à un spécialiste du domaine, disparu aujourd'hui, dont il préfère taire le nom afin de ne pas heurter la sensibilité des descendants. Il offre à ce dernier le poste de rédacteur en chef, qui travaillerait sous sa supervision. Grâce au budget substantiel alloué, il est aussi question de fonder une maison d'édition dont le catalogue serait composé de manuels scolaires et de livres d'art. L'entente entre cet homme et René était très claire. Il était également indiqué dans cet accord qu'après trois ans, le nouvel associé pouvait rester à l'intérieur de la société pour, s'il le souhaitait, diriger d'autres branches de l'entreprise. Pour un type qui traversait alors une mauvaise passe, l'offre était incroyable – il en a pleuré. René s'est demandé s'il n'avait pas en face de lui quelqu'un qui était en train de lui jouer la comédie.

Dans ces circonstances, il était tout à fait normal que René confie à cet homme des informations privilégiées. Après tout, il allait être son bras droit. Convoqués de nouveau par le comité des musées nationaux à Ottawa pour présenter une nouvelle mouture du projet – il ne restait plus que trois concurrents en lice –, René et son associé font leur numéro. Ce dernier se révèle un peu « poche » dans sa livraison, mais son nom et son expertise comptent visiblement davantage dans les critères d'évaluation que les mots qui sortent de sa bouche. Leur soumission garde toujours les faveurs du comité, et René est même tiré à part par les quatre membres qui le composent pour un coup d'encensoir. On lui a tellement fait comprendre qu'aucune comparaison n'était possible entre sa présentation et celle des autres qu'il sort gonflé à bloc de cette rencontre. Il a presque demandé qu'on lui remette le chèque sur-le-champ.

René s'offre alors quelques jours de congé en rentrant d'Ottawa. Après tout, il le mérite bien. Mener de front le projet d'*Écho* et le bon fonctionnement du *Nous* entraîne une charge de travail extrêmement lourde. Il se rend à la maison de campagne qu'il possède à L'Estérel, dans les Laurentides, où le téléphone est en panne. En cette ère pré-Internet et pré-téléphones cellulaires, où tous ne pouvaient être joints de façon immédiate et permanente, où qu'ils soient sur la planète, l'isolement était une notion encore possible.

Quand il rentre à Montréal après avoir séjourné quelques jours à la campagne, René découvre sur son répondeur une série de messages «stressés» et insistants, livrés d'une voix de plus en plus impatiente et agressive. L'associé, qu'il avait pourtant quitté en bons termes à Ottawa, exigeait de savoir où il était, ce qui se passait. Le type, qui croyait sans doute que le tandem allait attaquer concrètement les choses dès le lendemain de la présentation, même si le contrat n'était pas encore officiellement signé, reprochait à René son laxisme et sa façon «pas très sérieuse» de mener l'affaire. De plus, il le soupçonnait désormais d'être incapable de tenir toutes ses belles promesses. Il annonce alors avoir trouvé un autre associé, avec qui il compte présenter un nouveau projet au comité. René prend très mal la nouvelle, d'autant que cet homme a eu accès à tous ses documents, truffés de détails confidentiels. Au-delà de la trahison – parce que c'en est une –, il perdait aussi l'individu qui lui servait de caution auprès des musées nationaux.

Retour à la case départ, donc. René croit moins en ses chances. À vrai dire, il est même désespéré. En faisant le point et en réfléchissant à la situation, il estime qu'avant tout, un magazine est une affaire d'écriture, de pensée. Le fil de sa réflexion l'amène alors à... Denise Bombardier! Après plusieurs tentatives, madame Bombardier accepte finalement la proposition que lui fait son collègue. Dans l'entourage de ce dernier, on s'interroge. «Es-tu sûr, René? Vraiment?» En cette période de crise, René estimait que l'embauche de Denise Bombardier, une femme intelligente dotée d'une bonne plume, était une excellente idée. Dans le contrat qu'il lui a offert, il avait cependant bien pris soin de préciser qu'il était l'éditeur, le patron de l'affaire, bref, qu'il gardait le gros bout du bâton. Denise a donné son accord. Pour l'occasion, elle a écrit un texte « remarquable » sur la mémoire collective, qui synthétisait les raisons pour lesquelles le magazine s'appelait *Écho*. Une fois de plus, René prend la direction d'Ottawa.

À l'endroit où ont lieu les présentations devant le comité des musées nationaux, le « traître » est là, en compagnie de trois autres personnes, mais son numéro ne semble guère impressionner les évaluateurs. De nouveau, René triomphe. On lui laisse entendre que le chèque est presque déjà à la poste.

Une semaine plus tard, c'est le choc. Le gouvernement de Pierre Elliott Trudeau entre dans une période d'austérité et de restrictions budgétaires. Tous les programmes « inutiles » sont coupés. La culture écope. D'évidence, un projet coûteux comme celui qu'avaient mis sur pied les musées nationaux allait passer à la trappe et l'appel fatidique n'a pas tardé à venir. On a alors annoncé à René que même si tout cela était bien malheureux, déplorable, triste et navrant, le ministère devait abandonner le projet. Un malheur n'arrivant jamais seul, cet épisode est survenu l'année où le *Nous* a commencé à tanguer sur des eaux plus troubles.

Ce coup-là a été difficile à encaisser. Vraiment. « Ce qui m'excitait comme une puce – et c'est pourquoi j'ai été tellement déprimé ensuite –, n'était pas tant l'idée d'avoir du fric, mais d'avoir les moyens de mes ambitions sur le plan créatif », fait remarquer René. « La comparaison peut paraître exagérée mais j'étais habité du même sentiment qu'un détenu peut ressentir à sa sortie de prison. »

Pour celui qui a déjà fait sa marque dans le monde des magazines, la possibilité de faire du beau et du bon, de concrétiser les idées «extraordinaires» que Georges Haroutiun et lui partageaient, comportait une part d'exaltation réelle. D'apprendre la mort d'*Écho* du jour au lendemain lui a arraché le cœur car on lui retirait du même coup la chance de se réaliser, de s'épanouir, de s'accomplir en tant que créateur. Le projet d'une vie s'écroulait d'un coup, et, pour ajouter à la grisaille, le *Nous* allait de plus en plus mal.

Aujourd'hui, René se demande si son destin n'aurait pas été différent, advenant le cas où, n'eût été du désistement de son associé, le contrat lui aurait été attribué avant l'annonce des coupures budgétaires du gouvernement fédéral. Une quarantaine d'années plus tard, il s'emporte encore un peu quand il évoque cet épisode.

«J'en ai rarement voulu autant à quelqu'un, dit-il. J'aurais aimé rencontrer ce traître un jour pour lui dire tout le mal que j'en ai pensé, et tout le mépris qu'il m'a inspiré. Certains soirs de scotch, il m'est arrivé de vouloir prendre le téléphone et de l'appeler mais je me suis toujours retenu.

«Des années plus tard, quand j'ai travaillé dans un bureau installé dans les locaux de Télémédia, j'ai souvent vu Pierre Elliott Trudeau. Alors redevenu avocat, il travaillait dans le même édifice. Nous arrivions souvent à la même heure mais je m'arrangeais toujours pour ne pas monter dans le même ascenseur que lui. J'attendais le suivant. Le manège était un peu ridicule parce que je n'allais quand même pas lui sauter dessus. Mais je ne voulais pas prendre de chance. À cause de sa politique d'austérité, cet homme a été pour moi un briseur de rêves absolument terrible. Les vibrations qu'il dégageait, malgré son intelligence, son charisme et tout ça, m'étaient complètement incompatibles. Quand je racontais ça à des amis, ils me croyaient fou. Peut-être le suis-je un peu mais j'ai été assez intelligent pour me retenir et éviter de m'exposer à ses ondes!»

Workaholic ? Moi ?

Yes, of course. Impossible, pour qui me connaît, d'imaginer le contraire. Mais encore faut-il s'entendre sur le sens de ce mot justement lourd de sens.

Il y a une scène, dans *The Shining*, le superbe film de Stanley Kubrick, où la femme de l'écrivain devenu fou découvre des centaines de pages tapées à la machine, sur lesquelles, disposée de mille façons, se trouve une seule phrase : «*All work and no play makes Jack a dull boy.*»

C'est vrai, quantité d'études le démontrent, que l'obsession du travail peut devenir morbide, conduire à la dépression, voire à la folie. Mais je ne crois pas que je suis atteint par cette forme obsessionnelle de la maladie.

Si, au cours de ma longue vie, j'ai tant travaillé, c'est d'abord parce que j'adore ce que je fais, un travail qui doit d'ailleurs ressembler, pour les autres, à un loisir – lire, voir des films, aller au théâtre, rencontrer des créateurs intéressants ou des politiciens sur le mode *repeat*. Et écrire, et parler. Mon plaisir à faire tout cela ne s'est jamais démenti, il n'a jamais diminué, au contraire. Car passer d'un boulot à un autre me rafraîchit, me brasse les neurones et m'empêche, je l'espère, de devenir «*a dull boy*».

R. H.-R.

À PROPOS
DE LA PRESSE ÉCRITE

SI, AUJOURD'HUI, ON ME DONNAIT CARTE BLANCHE pour créer un nouveau média imprimé, je ne sais pas vraiment ce que je ferais, même avec un budget illimité. À vrai dire, je n'en ai aucune idée. Cela n'est pas une question d'âge – même si j'avais vingt ou trente ans, je ne le saurais pas davantage – mais nous sommes maintenant plongés dans une réalité bien différente. Dans l'environnement actuel, quel modèle emprunter? La presse écrite a encore sa place, mais l'incertitude qui plane sur toute cette industrie fait en sorte qu'un nouveau projet de cette nature devient difficilement envisageable.

En fait, la dimension accidentelle des choses est à mon sens un facteur primordial du succès, auquel s'ajoute la notion de chance. J'ai été extraordinairement chanceux toute ma vie. Par exemple, l'histoire du *Nous* relève presque d'une imposture car à l'arrivée, le magazine ne ressemblait pas du tout à ce qui avait été prévu au départ. À cette époque, j'ai rencontré un partenaire formidable, Georges Haroutiun, avec qui ça a cliqué tout de suite. Grâce à notre complicité, nous avons pu convaincre le propriétaire Paul Azzaria de nous suivre dans notre projet plutôt que de lancer un truc inspiré de la section «Forum» du magazine *Penthouse*. Si j'étais allé le voir pour lui proposer cette idée du *Nous*, il m'aurait assurément jeté. Un parcours est fait de hasards, de coïncidences, d'erreurs aussi. À cette époque, quand on me donnait un mandat dans un journal ou qu'on m'embauchait pour un magazine, j'avais plein d'idées et je savais comment les concrétiser. Maintenant, j'en suis moins certain. On ne peut pas dire que tout a déjà été fait, mais, pour emprunter une métaphore aérienne, il n'existe plus de piste d'atterrissage éclairée.

Quand j'étais enfant, les journaux occupaient relativement peu de place à la maison. Il y avait *La Presse*, *La Patrie*. Je n'y trouvais rien pour stimuler vraiment mon intérêt. Ce n'est qu'à la fin de mon adolescence, vers dix-sept ou dix-huit ans, que j'ai découvert par hasard, sans doute chez des amis, les périodiques français comme *Le Point*, *L'Express* ou *Le Nouvel Observateur*. Là, j'ai accroché. Je lisais les articles de François Mauriac, un écrivain célèbre et plein de malice, dont l'écriture était très colorée. Françoise Giroud, qui a fondé *L'Express* avec Jean-Jacques Servan-Schreiber, a été mon idole. Elle pouvait aborder tous les sujets en posant sur ceux-ci un regard très personnel. Dans ces publications, je trouvais ce qui, à mes yeux, manquait cruellement aux journaux québécois : de la couleur. La beauté de l'affaire, c'est que je suis tombé sur ces hebdomadaires français aux contenus très riches complètement par hasard. Aujourd'hui, au Québec, sur quoi peut-on tomber par hasard ? Probablement le *Journal de Montréal*, présent dans tous les cafés et restaurants. Sa force est là. Quand je reviens de la maison de campagne, j'arrête souvent dans un restaurant St-Hubert, dans le bout du Richelieu, et je vois toujours une bonne trentaine d'exemplaires du *Journal de Montréal*, mis à la disposition de la clientèle. Petite anecdote : j'y ai un jour croisé Normand Brathwaite. Il était tellement étonné de me retrouver là – « Ben voyons ! Pas toi ici ? » – qu'il a tenu à me prendre en photo en échange d'une bouteille de vin !

À partir du scandale du Watergate, je me suis beaucoup intéressé à la presse américaine aussi. On y pratique une forme différente d'écriture, plus *straight*, plus orientée vers les faits, mais jamais ennuyeuse. La manière qu'ont empruntée Carl Bernstein et Bob Woodward pour raconter leur enquête était remarquable. Leurs textes étaient très *punchés*, très vivants. La presse américaine se targue d'objectivité, d'où l'intérêt, alors que l'opinion colore toute la presse française. Quand je lisais les magazines québécois de l'époque (le *Maclean's* était d'un ennui mortel), je ne pouvais faire autrement que de constater le gouffre qui nous séparait d'eux. Longtemps après, je me suis grandement inspiré de leur approche pour concevoir *Nous*. Je crois que tout cela aurait pu mieux se concrétiser encore dans *Écho*, ce magazine en forme de rêve absolu. La couleur, dans tous les sens du terme, a toujours été un des éléments principaux ayant motivé mes entreprises.

Aujourd'hui, je reste encore très attaché à la presse française. Je lui dois probablement la fascination qu'exerce toujours sur moi la politique, telle qu'on l'exerce là-bas, même si, pourtant, nous vivons à proximité des États-Unis. Dans ma jeunesse, j'avais du mal à comprendre pourquoi les gens s'y intéressaient si peu ici. Ce qu'on publiait chez nous était tellement gris, comparativement à ce qu'on pouvait lire dans les journaux venus de là-bas. En plus, ces publications offraient une vraie couverture internationale. Chose étonnante, les hebdos français et mes études universitaires en sciences politiques m'ont donné une formation qui allait m'être utile bien des années plus tard. Quand je me suis retrouvé à la barre de *C'est bien meilleur le matin* à la radio, je ne partais pas de zéro à ce chapitre, mais j'étais le seul à le savoir !

Je ne me dirigeais pas vers le journalisme du tout, cela dit. À l'époque où je fréquentais l'université, j'ai simplement cherché un boulot pour payer mes études. Après l'enfer de la Continental Can, je tenais à trouver un travail dont la rémunération était adéquate, mais qui pourrait me plaire aussi. Entrer dans cet univers-là, qui m'a séduit grâce aux magazines français, pourquoi pas? D'autant que j'avais beaucoup de facilité à écrire. Je me suis rendu compte que cette sorte de talent pouvait être utile, notamment pour corriger les autres!

J'ai pu mettre le pied dans le monde des journaux, mais ce n'était pas un but en soi au départ. J'ai poursuivi dans cette direction-là parce qu'elle se présentait à moi d'une part, mais aussi parce que les pistes qu'on pouvait emprunter à partir de là étaient nombreuses et très diverses. Ce genre de choix n'existe plus maintenant.

J'ai beaucoup appris au fil des révisions qu'on m'a données à faire. Au début, je corrigeais les fautes d'orthographe, mais progressivement, mon rôle est devenu plus complexe. N'ayant jamais suivi de cours de littérature ou de journalisme, j'ai appris sur le tas. Il s'agit là de la meilleure méthode pour ne rien oublier, je crois. Il fallait tout faire. Parfois, on ne se prenait pas du tout au sérieux. Je me souviens que pour les horoscopes, par exemple, il me fallait corriger des textes achetés et traduits n'importe comment. Je m'y appliquais très rigoureusement au début mais, le jour où je me suis rendu compte que ces textes n'avaient aucune espèce de valeur, je me suis mis à écrire en fonction de mes amis. Chez moi, je laissais traîner le *Petit Journal*, ouvert exprès à la page des horoscopes pour qu'ils les lisent, et je me délectais de leurs réactions. Ils n'en revenaient pas à quel point ils y trouvaient des détails réels de leur vie!

Quand j'ai commencé à travailler au *Petit Journal*, je trouvais que ce qui se publiait ici était consternant. Voilà peut-être la raison pour laquelle je me suis mis à corriger à hue et à dia. Les choses manquaient terriblement de couleur, de personnalité. Cela dit, il y avait au *Petit Journal* des gens comme Lysiane Gagnon, Louise Cousineau,

Conrad Bernier et quelques autres, dotés d'une plume intéressante. À cette époque, il y avait aussi des «totons» finis dans les salles de rédaction, dont la place n'était jamais remise en question. Ces gens d'infos, qui ne se prenaient habituellement pas pour des queues de cerises, faisaient partie de clans et se sont fait des réputations à l'extérieur de leur travail. Pour un Pierre Nadeau, vraiment talentueux, il y avait les André Payette, Pierre Paquette, Jean-V. Dufresne et compagnie. À l'occasion du cinquantième anniversaire de la visite du général de Gaulle au Québec, j'ai relu le compte rendu qu'en a fait Jean-V. Dufresne à l'époque et j'en suis resté consterné. L'article était mal écrit, mal structuré, complètement poche. J'ai abandonné l'idée d'avoir toujours un crayon à la main quand je lis – avec les tablettes, ça ne fonctionne plus – mais mon vieux fond de réviseur n'est jamais bien loin.

On a souvent les institutions qu'on mérite, ou celles qu'on peut se permettre. Or, le *Photo Journal*, le *Petit Journal*, *La Patrie* étaient des journaux qui s'inscrivaient dans l'air de ce temps-là. Nous étions alors dans le *mainstream*, correct, propre, bien peigné, séparé sur le côté. Mais comme je n'avais déjà plus de cheveux…

Serge Dussault, qui fut le premier à me demander d'écrire des articles, n'a pas eu peur de me laisser aller. Tout de suite, j'ai pu écrire au «je». En ce temps-là, cette approche plus personnelle était quasiment révolutionnaire. Je me rappelle aussi la générosité de Lysiane Gagnon. Quand Serge Dussault m'a offert un poste de chroniqueur régulier à *Photo Journal*, Lysiane a été la première – la seule, en fait – à me souhaiter la bienvenue quand je me suis installé à mon nouveau bureau. Ça m'a impressionné. D'autant que, pour des raisons qu'on peut bien comprendre, Pierre Bourgault m'a dit tellement de mal d'elle par la suite! Qu'on soit d'accord avec ses idées ou pas, Lysiane reste une femme intéressante, intelligente, butée, et elle a fait sa marque dans un monde d'hommes.

À mon souvenir, *La Presse* était le journal le plus prestigieux au Québec. Pour nous, c'était le «super top». Quand on m'a proposé d'y aller, en 1969, ce fut l'orgasme. Quand je pense à *La Presse*, le nom de Pierre Foglia me vient tout de suite à l'esprit. Sa plume est exceptionnelle et ce qu'il a fait est unique. Il a apporté un élément de couleur fabuleux au journalisme québécois. Depuis qu'il s'est retiré, Pierre n'a pas été remplacé parce qu'il est irremplaçable. Je n'irais pas jusqu'à dire qu'il a révolutionné la façon d'écrire, mais la forme d'écriture qu'il a empruntée était relativement nouvelle. Avant qu'il arrive, personne n'avait encore trouvé la manière de raconter la profonde transformation de la société québécoise. Au début, quand il écrivait dans la section des Sports, il faisait déjà du Foglia. Beaucoup de gens ont tenté de suivre son exemple par la suite mais personne n'y est parvenu.

Parlant de couleur, j'ai connu Louise Cousineau au *Petit Journal*, à l'époque où elle était une redoutable chasseuse de nouvelles. Quand je me suis retrouvé patron à *La Presse*, elle aurait souhaité que je l'embauche à titre de chroniqueuse de télévision mais je ne la voyais pas dans ce rôle. Elle a obtenu le poste après mon départ. J'ai été très surpris – et très content – de constater à quel point elle a fait sa marque dans cette fonction-là.

Jusqu'à la création du journal *Le Jour* [2] dans les années soixante-dix, il n'y avait rien de provocant dans la presse québécoise. Ce journal indépendantiste a changé des choses

---

2. *Le Jour* fut un quotidien indépendantiste publié du 28 février 1974 au 25 août 1976. Il fut relancé en 1978 sur une base hebdomadaire, le temps de quelques numéros. (Source : Bibliothèque et Archives nationales du Québec).

et a forcé les concurrents – *La Presse* notamment – à réagir. Dans les années quatre-vingt, l'hebdomadaire *Voir* a aussi eu beaucoup d'influence. Alors qu'on se plaignait d'une certaine grisaille, cet hebdo s'est imposé avec une équipe de jeunes journalistes, et une approche graphique différente. Les photos en noir et blanc qu'ils mettaient à la une étaient extrêmement contrastées. Je ne voudrais pas en prendre le crédit, mais à l'époque où je dirigeais la section «Spec» de *La Presse*, je me suis battu pour imposer ce genre de photos envers et contre tous, alors que les différents tons de gris étaient plutôt de mise. Je ne craignais pas les noirs profonds, ni les blancs éclatants. L'air du temps rattrape souvent plein de choses!

L'impact du *Voir* a été aussi retentissant pour les journaux que celui du *Nous* l'a été dans le domaine du magazine, autant sur le plan de la présentation que sur celui du contenu. La personnalité d'un magazine passe non seulement à travers les écrits, mais aussi, beaucoup, grâce à celui ou celle qui le conçoit, qui le dirige, qui embauche les journalistes, qui choisit la présentation graphique et les titres. Le plaisir que j'avais à corriger, à organiser les choses, nourrissait aussi mon intérêt pour l'objet. Quand je travaillais à *La Presse*, j'organisais des meetings dont l'unique but était de trouver des titres. On me regardait de travers parce qu'on ne comprenait pas pourquoi je devais «gaspiller» une heure là-dessus. Autour d'une table, à plusieurs, on peut pourtant trouver des titres géniaux à partir d'une niaiserie. J'adorais ça. Même si je ne suis pas très sociable en privé, j'aime travailler en bande. Je me retrouvais là avec des gens de talent, que j'avais moi-même choisis: Ingrid Saumart, Yves Leclerc, Georges-Hébert Germain, Rudel-Tessier, Pierre Vincent, et bien d'autres. Je n'aurais sans doute pas pu le verbaliser de cette façon à l'époque, mais j'estime que cette approche donne de l'âme à une publication. Ce temps est-il révolu ? Une nouvelle gang arrivera sans doute un jour avec un nouveau modèle, comme nous l'avons fait avec « Spec » et *Nous*, et comme ils l'ont fait avec *Voir* ensuite. On ne comptera toutefois pas sur la bande d'*Urbania* pour ça. Ces gens pratiquent du journalisme ancien à la *hipster*. On dirait que ce magazine est produit par de faux jeunes.

À l'heure de tous les Facebook, Twitter et Instagram, il devient difficile de sortir de la norme et de l'état naturel du journalisme québécois. Les patrons de presse font preuve d'une absence totale d'imagination et cèdent à la pression des médias sociaux. Même si on retrouve maintenant beaucoup de chroniques d'opinions dans les médias écrits, j'ai l'impression que les personnalités ont de plus en plus de mal à s'exprimer, et à se faire respecter. Plein de gens sont persuadés que l'exercice de ce métier est facile car ils expriment eux-mêmes leur opinion sur toutes sortes de tribunes sur le web. Les médias se tirent dans le pied en laissant ces gens déverser leur fiel sur leur propre site. Comment ces internautes peuvent-ils respecter des journalistes payés – plutôt bien – pour faire un travail qu'ils considèrent comme étant la moindre des choses ? La moisissure de cette façon de s'exprimer sur les réseaux sociaux pourrit le vrai travail des professionnels. D'une certaine façon, on peut tracer un parallèle avec le communisme. Sur papier, cette idéologie est séduisante et permet d'envisager la société idéale. On a pourtant bien vu dans l'Histoire qu'en le pratiquant, ça n'a plus rien à voir. L'idée que le peuple puisse prendre la parole et avoir accès à des tribunes est formidable, enthousiasmante même, mais cette parole-là est souvent prise par une majorité de crétins ignorants, qui lancent sans aucun filtre des choses atroces dont l'effet d'entraînement peut avoir de graves conséquences. C'est une jungle. J'y vois un réel danger pour la survie du journalisme.

On évoque souvent la polarisation des médias sur le plan idéologique mais les journaux «jaunes», comme le *National Enquirer*, ont toujours existé. On ne peut pas les prendre au sérieux, d'autant qu'ils s'adressent quand même à une minorité. Je suis davantage préoccupé du fait qu'il devient maintenant plus difficile de tomber «par hasard» sur un article dont on ne pouvait soupçonner l'intérêt. Quand on feuillette un journal page après page, il est possible de s'arrêter sur un truc qui ne nous aurait peut-être pas accroché au départ. Les recherches plus ciblées qu'on peut faire sur le web diminuent grandement cette possibilité. Je fais partie de cette génération de Québécois qui, le dimanche, achetait la grosse édition du *New York Times* pour y plonger pendant des heures. Ce rituel n'existe plus.

Aujourd'hui, je lis principalement mes journaux et magazines sur ma tablette. *Le Point, L'Obs, Le Figaro*, le *New York Times*, le *Washington Post*, le *Guardian, Le Monde, La Presse +, Le Devoir*. Le seul avantage que je vois dans l'arrivée de Donald Trump à la Maison-Blanche est de remettre le bon journalisme à l'avant-plan. Ironiquement, celui qui a décrété les journalistes «ennemis du peuple» sera peut-être celui qui permettra aux journaux de survivre en rendant ses artisans indispensables. J'ai d'ailleurs du mal à croire à une si grande détestation des journalistes. Les abonnements du *New York Times* et du *Washington Post* n'ont cessé de croître depuis que Trump est en poste. Je fais moi-même partie de leurs nouveaux abonnés parce qu'il me paraissait essentiel d'en être.

La chance

Les médias n'ont jamais été épargnés par la censure. Qui a sévi avec des intensités variables selon l'époque et l'air du temps. Or, c'est la liberté de choisir, de penser, de dénoncer, dans tous les domaines, qui fait la force de ce qu'on appelle encore aujourd'hui le quatrième pouvoir.

Toute ma vie, j'ai été chanceux, épargné de vrais drames jusqu'à la disparition, en 2012, de mon vieux compagnon et de mes deux meilleurs amis. Même la faillite que j'ai dû déclarer en 1980 et qui m'a permis – c'est le côté positif de cette institution mal comprise – de refaire ma vie financière.

Ma chance a aussi fait que j'ai joui, dans tout ce que j'entreprenais, d'une insolente liberté. Qui n'a été contrariée qu'une fois.

À *La Presse*, où j'ai dirigé la section «Spectacles» à la fin des années soixante.

Non sans naïveté, j'avais accompagné des amis – Chantal Renaud, son conjoint le comédien Jacques Riberolles et un copain humoriste, Jean Amadou – qui allaient proposer à Robert L'Herbier, grand manitou de Télé-Métropole, un projet de film. Tout s'était passé très civilement, et le projet accepté sur-le-champ. Et puis, silence radio.

Des mois plus tard, le patron de TM répond enfin à leurs appels. Et les informe qu'ils ont tout faux, que rien n'a été conclu, qu'ils ont fabulé. Or, j'avais assisté à toute l'affaire. J'ai donc écrit un texte qui racontait l'histoire, que Robert L'Herbier a violemment dénoncé à mon patron qui, lui, m'a contraint à le rencontrer. Et à m'excuser, et à donner dans *La Presse* sa version des faits.

R. H.-R.

Chapitre 11

MAUDIT ARGENT

Quand Émilien, son père, a connu des déboires financiers et que la famille a dû être dispersée, le rapport de René à l'argent en a été profondément affecté. L'odeur du magasin de vêtements de seconde main où sa mère entraînait sa marmaille lui remonte encore au nez. Le souvenir est si vif qu'il garde parfois l'impression d'une jeunesse entièrement colorée par cette misère. Pourtant, l'épisode n'a pas duré plus d'un an.

Lui qui aime tant les belles fringues et les beaux objets a passé d'innombrables heures chez Holt Renfrew avec son amie Marie-Hélène Roy, à passer en revue à peu près tous les vêtements «formidables» offerts dans les différentes boutiques de la maison chic de la rue Sherbrooke. Bien sûr, c'était cher. Mais René s'en fichait. Il y avait sans doute là un effet de compensation, comme une envie de chasser les mauvais souvenirs de son enfance, de les effacer à tout jamais. Quoi qu'il en soit, ce *comfort shopping* lui a toujours fait du bien dans les moments difficiles.

Comme bien des hommes de son âge, qui ont entamé leur vie professionnelle à une époque où le chômage était nul ou presque, jamais il ne lui était venu à l'esprit qu'un pépin financier puisse un jour faire obstacle à la bonne marche de sa vie. Il allait toujours travailler, gagner du fric. Comment pourrait-il en être autrement? Déjà qu'il en gagnait pas mal.

L'erreur qu'il a faite en s'associant avec les hommes de l'Ouest pour sauver le magazine *Nous* est venue le rattraper. À l'âge de quarante ans, René a dû déclarer faillite.

Au lendemain de son départ du magazine qu'il avait tant aimé, René était sans le sou. Il ne savait comment faire pour honorer ses dettes – les impôts, mais aussi le remboursement du prêt que la banque lui avait consenti pour acheter sa part. Au bord du désespoir, il se rend alors chez un ami avocat. Qui lui explique les deux options qui s'offrent à lui: ou il déclare faillite et le tout se règle en un an; ou il paie ses créanciers en acceptant des arrangements qui lui lieraient les poignets pendant au moins une vingtaine d'années. La situation, présentée de cette manière, ne lui laissait guère le choix. Ainsi fut choisie l'option numéro un.

Déclarer faillite n'a rien d'une partie de plaisir. Le stress qu'entraîne un drame de cette nature n'est pas facile à vivre. Tous les jours de la semaine, un huissier était assis devant l'appartement qu'il occupait au Cartier, angle Sherbrooke et Peel. René attendait qu'il finisse son quart de travail avant de sortir, chose qu'il ne faisait plus que tard le soir. Il tenait à garder lui-même le contrôle de sa propre faillite, plutôt que de se faire imposer des choses par les nombreux débiteurs, incluant les gouvernements.

Au cours de cette période, René a notamment dû assister à une assemblée de ses créanciers, qui se sont réunis pour casser du sucre sur son cas. À cette époque, tous ceux à qui il devait des sous devaient obligatoirement être représentés. Autour de la table discutaient ainsi des gens à qui René n'avait encore rien à proposer. Le syndic, qui avait eu accès à un peu de fric grâce à la vente de la maison de campagne de L'Estérel, avait la tâche de s'occuper de tout.

Pendant quatre mois, René n'a jamais eu plus de vingt dollars en poche. Bien souvent, il ne dépensait même pas cette somme car il avait la chance de vivre avec le bienveillant Pierre Morin. Même si le conjoint payait le loyer et honorait toutes les factures courantes, le changement de mode de vie n'en était pas moins brutal. René avait jusque-là l'habitude d'entraîner ses amis au resto et de s'acquitter de la note sans trop y penser. Il recevait maintenant des invitations d'amis un peu gênés car plusieurs d'entre eux n'avaient pas les moyens de lui retourner la faveur et de lui offrir les mêmes tables. Ce genre d'épreuve, fait-il remarquer, constitue un grand test d'amitié, et de « toutes sortes d'affaires fort intéressantes », surtout quand, comme René, on dispose d'une certaine notoriété. Les amitiés intéressées se distinguent tout de suite de celles qui ne le sont pas. Pour celles inscrites dans.la première catégorie, on peut aussi mesurer jusqu'où des individus sont prêts à aller pour que la relation subsiste. Cela devient perceptible à l'œil nu.

Quatre mois, donc. Pendant lesquels toutes les cartes de crédit ont été déchiquetées. À la fin de l'échéance, René a dû se rendre au palais de justice devant un juge afin de plaider sa cause et mettre enfin derrière lui ce fâcheux épisode. Pour ce faire, il doit démontrer au magistrat son aptitude au travail, l'assurer qu'il est en mesure de gagner sa vie de nouveau, que des efforts ont déjà été faits en ce sens – bref, que tout baigne.

Le rendez-vous étant déterminant, René se met sur son trente-six et enfile un « habit d'homme ». Pour impressionner la galerie, et convaincre le juge de son succès, il choisit d'agrémenter le tout d'une magnifique pelisse doublée en vison. Croyant que l'audience se déroulerait en petit comité devant le juge, l'homme aux allures de dandy s'aperçoit en arrivant au palais de justice que la séance n'aura strictement rien d'intime. Dans la salle où il est convoqué s'entassent au moins cent cinquante personnes, tous de pauvres gens «avec des souliers Patof», dont les dettes ne devaient guère dépasser plus de 5000 dollars à Household Finance. L'avocat de l'entreprise, très occupé ce jour-là, refusait systématiquement tout arrangement avec tous ces braves gens, les obligeant à cracher les 2500 dollars qu'il leur restait à rembourser, même après avoir réuni déjà la moitié de la somme de peine et de misère.

Avant même le début de l'audience, René a pris peur car son cas était complètement différent des autres. Même si sa dette s'élevait à plusieurs centaines de milliers de dollars, il savait pertinemment qu'on le libérerait de sa faillite. L'injustice était flagrante. Il est certain qu'en entendant sa cause, et le verdict qui allait suivre, les pauvres «Patof» allaient se ruer sur lui pour le battre.

Aussi sort-il très vite de la salle pour trouver un téléphone public – nous sommes en 1980 – et appeler son syndic. Après avoir regretté de ne pas l'avoir prévenu, ce dernier le rassure en lui faisant valoir qu'il n'est pas en danger de mort, et qu'il le rejoindra bientôt. Quand il arrive, monsieur le syndic voit le vison et s'exclame : «Quand même, n'exagérons pas!» René, qui voulait tant convaincre le juge de la bonne marche de ses affaires, est allé confier sa bestiole au vestiaire.

On l'a libéré de sa faillite sur-le-champ, en échange de paiements mensuels d'environ 500 dollars sur le cours d'une année. Il reconnaît d'emblée qu'en comparaison avec la somme qu'il devait au départ, le dénouement est ridicule. Mais le système a fait en sorte qu'il a pu, à quarante ans, repartir sur de nouvelles bases.

Déclarer faillite est, dit René, une leçon de vie et d'humilité. Même s'il ne souhaite ce genre d'ennui à personne, il reste que ce moyen constitue un « outil fabuleux » car il permet à quelqu'un dont les problèmes financiers semblent insolubles de pouvoir se refaire. Le processus, douloureux, entraîne forcément aussi chez la personne une profonde remise en question. Après cet épisode, René s'est repris en main en réalisant que s'il ne ramassait pas lui-même son « petit tas de noisettes », personne ne le ferait à sa place. Désormais beaucoup plus sage, il est également plus prévoyant. Il peut maintenant entamer la seconde partie de sa vie.

Les beaux-arts

Enfant, je dessinais beaucoup, sans jamais rien reproduire de la réalité dans laquelle je vivais. J'inventais. Sans doute par intuition, ma mère a détecté en moi cet intérêt pour l'art abstrait, car elle m'a offert une série de cahiers dans lesquels on pouvait voir des reproductions de grands tableaux, peints par des artistes modernes uniquement : Vassily Kandinsky, Amedeo Modigliani, d'autres aussi. L'un de mes oncles habitait à Outremont – c'était un voyage pour nous quand on s'y rendait une fois l'an – et il possédait une collection de petits tableaux de Cornelius Krieghoff, qui ne pouvaient séduire que les connaisseurs. De ce choc initiatique découle probablement ma fixation sur la peinture contemporaine plutôt que sur la peinture classique. J'ai plus tard fréquenté les œuvres des grands maîtres en allant traîner dans les musées, mais mon goût a été coloré très tôt par l'art contemporain.

Je dirais que la sculpture me parle encore plus que l'art pictural, parce qu'elle s'inscrit dans le mouvement. Au contraire de tout le monde, j'apprécie surtout les petites sculptures. Autant les tableaux m'intéressent quand ils occupent de grandes surfaces, autant je préfère les sculptures plus petites car elles donnent une impression de proximité dans un environnement.

L'art peut procurer des émotions très fortes. Je me souviens d'une exposition des œuvres de Pierre Soulages au Musée des beaux-arts de Montréal qui, il y a plusieurs années, m'avait complètement jeté à terre. Soulages est cet artiste qui, en apparence, peint ses toiles en noir, mais mon ami Jean-Louis Robillard et moi avons découvert ensemble que ces tableaux n'étaient pas noirs du tout, qu'ils étaient plutôt d'une extraordinaire subtilité, selon l'angle de vue, la réflexion de la lumière, l'endroit où on se plaçait. Nous avons vraiment eu un orgasme. Cette œuvre regroupait tout ce que j'aime car elle se dévoilait dans l'attention, la surprise, et cultivait son art dans le secret.

Pierre Théberge a fait entrer ce musée dans la modernité grâce, entre autres, à son exposition sur les voitures, et Nathalie Bondil, qui lui a succédé, fait aussi un travail remarquable.

Une œuvre d'art s'apprécie dans le ressenti et provoque chez celui ou celle qui la regarde une émotion. Ça peut être autant une caresse qu'un coup de poing. J'ai beaucoup suivi les peintres québécois modernes de ces années-là et je suis un peu resté bloqué à l'époque d'Antoine Molinaro et Jean-Paul Riopelle. Je décèle des mouvements dans des choses que la plupart des gens voient comme des taches.

En revanche, le travail des grands peintres canadiens, ceux qui faisaient partie du Groupe des Sept notamment, me semblait si froid, glacé même, qu'il ne me touchait pas. Quand on trouve l'encadrement d'un tableau plus intéressant que l'œuvre elle-même, c'est que l'œuvre en question ne nous interpelle pas.

L'art contemporain me séduit plus rarement quand il prend la forme d'une installation. Il se peut qu'une idée m'atteigne et que j'y trouve mon compte, mais je me suis aussi frotté à ce genre de choses en hurlant à la sortie. Un artiste n'est pas obligé de créer une œuvre qui va bien s'accrocher dans un salon, mais il faut quand même, à mon sens, qu'elle puisse exister en tant qu'objet

161

pour qu'un lien puisse se créer de façon tangible avec celui qui la regarde, plutôt que donner envie de fuir. Au Musée d'art contemporain, j'ai fait un jour un exercice très marrant en suivant un groupe d'enfants qui regardait les œuvres de Micheline Beauchemin, qui faisait des trucs noués magnifiques.

Il y a une différence entre aimer l'art et en acheter. Le premier tableau que j'ai acquis porte la signature de Claude Girard. Quand j'ai commencé, mon ami Jean-Louis était aussi très axé là-dessus, et je crois qu'il faut quelqu'un pour t'inciter à faire ce genre de chose. Nous avons beaucoup fréquenté des ateliers d'artistes ensemble. Je ne suis pas vraiment un collectionneur, mais un expert m'a déjà dit que les œuvres que j'ai acquises ont quand même été choisies, qu'elles ont été installées, et que, d'une certaine façon, j'avais construit ma collection.

En fait, je me considère davantage comme un «ramasseux». J'ai souvent établi des contacts directs avec les artistes, même s'il en découle d'abord un malaise parfois. La plupart veulent évidemment vendre leurs œuvres, mais ils n'aiment pas s'en départir et je les comprends tout à fait. J'ai notamment acheté à Fernand Leduc un tableau que je chéris plus que tout. Quand nous l'avions reçu à *La Bande des six*, il m'avait d'ailleurs demandé si je possédais encore la toile que je lui avais achetée directement, et je lui avais répondu que je la garderais jusqu'à ma mort. S'il y a une toile dont je ne voudrai jamais me départir, c'est celle-là. Quand je l'ai vue, elle ne m'a pas ébloui, mais j'ai tout de suite su qu'elle était pour moi, qu'elle avait quelque chose qui me définit, qui est moi. Mais je sais que ça lui a arraché le cœur de me vendre ce tableau. Avec Richard-Max Tremblay, c'était pareil.

Les artistes ont aussi besoin d'argent pour vivre, forcément, mais je n'aime pas négocier avec eux parce que je sais qu'ils ne vendent pas de gaieté de cœur. J'ai déjà acheté un tableau dont je me suis aperçu, en l'installant, que le dos du cadre sentait vraiment la pisse. Je suis convaincu que l'artiste avait fait ce cadeau par frustration d'avoir dû le vendre !

Toutes les œuvres que j'acquiers ont bien entendu une valeur sentimentale à mes yeux. On peut dire qu'un tableau d'Arthur Villeneuve est un investissement, un tableau de Fernand Leduc aussi, mais je n'ai jamais acheté des œuvres pour leur valeur sur le marché. Dans mon esprit, acquérir des œuvres d'art est comme construire ma maison, avec l'ambiance que j'essaie de créer et les couleurs qui vont m'entourer.

Il est important de bien réfléchir avant d'acheter. Imaginer l'endroit où on va placer un objet d'art, c'est aussi l'imaginer dans sa vie. Il ne s'agit pas là d'une simple question de décoration, mais plutôt d'intégration véritable. J'ai commis beaucoup d'erreurs d'installation, dont l'une implique un de mes amis. Un soir où je faisais la fête chez Hugo Wuethrich, j'ai remarqué, dans ma boisson, un de ses tableaux, provocant, qu'on aurait dit sorti tout droit du décor du *Donald Lautrec Chaud*, avec des couleurs assez criardes, et j'ai décidé que je la voulais. Or, dans une maison, une œuvre d'art doit s'intégrer dans un souci d'harmonie, car elle fait partie de ton environnement de vie. Comme je ne trouvais pas de place satisfaisante où mettre le tableau, j'ai fini par l'accrocher au-dessus de mon lit. De cette façon, j'étais certain qu'il serait rarement dans mon champ de vision. J'ai expliqué ça à Hugo. Il m'en a voulu, mais je ne peux pas acquérir des œuvres avec lesquelles je n'ai pas envie de vivre. Cette erreur avec Hugo m'a servi de leçon pendant longtemps. De toute façon, je suis content de ma collection et je ne suis pas assez riche pour acheter de nouveaux tableaux.

R. H.-R.

Chapitre 12

LA COURTE VIE DU *TICKET*

Après la faillite, René s'est refait une santé professionnelle en se faisant valoir à la radio auprès de Suzanne Lévesque, l'animatrice de *Touche à tout*, une émission consacrée à l'actualité sociale et culturelle, l'une des plus populaires des ondes montréalaises, diffusée à la défunte station CKAC. René y faisait sa chronique au tout début de l'émission, donnant ainsi un bel élan à la barque que menait son amie. Leurs conversations impromptues ravissaient les auditeurs.

Parallèlement à sa carrière dans les médias électroniques, qui prendra un jour presque toute la place, il signe des articles dans de nombreuses publications – *L'actualité*, *Châtelaine*, *TV Hebdo*, notamment. Malgré les déceptions du passé au chapitre de la direction de magazines, il ne peut résister à l'envie de concrétiser un vieux rêve : concevoir une revue de cinéma. Il en existe alors quelques-unes au Québec – *Séquences*, *24 images*, *Ciné-bulles* –, mais aucune d'entre elles ne s'inscrit dans un créneau à vocation plus populaire, comme *Première* en France.

De nouveau, le complice Georges Haroutiun est mis à contribution pour ce magazine produit par Télémédia, une société aux reins solides, fondée à la fin des années soixante par Philippe de Gaspé Beaubien, l'un des organisateurs de l'Expo 67. Dans les années quatre-vingt, cette société était considérée comme l'un des plus grands empires médiatiques du pays. Elle comptait dans son réseau de nombreuses stations de télévision et de radio (parmi lesquelles CKAC), tout autant que de magazines renommés, tant du côté anglophone que du côté francophone. Des sommes importantes ont été investies dans *Ticket*, le magazine cinéma que lancera René en 1983. Les choses allaient bon train au cours de la phase préparatoire, d'autant que René traitait directement avec Jacques Parisien, le vice-président de l'entreprise. Les deux hommes s'étaient connus à *La Presse*, au temps du « Spec ».

Quelques jours à peine avant le lancement, René reçoit un appel de Paris. Chantal Renaud lui apprend que Jacques Riberolles, avec qui elle ne vit plus mais qui fut l'un des grands amours de sa vie, agonise. Dans les circonstances, il était difficile pour René d'entreprendre le voyage mais il a cédé sous l'insistance de sa grande amie. En arrivant dans la Ville Lumière, il découvre les vidéoclubs, qui semblent avoir poussé comme des champignons à tous les coins de rue, comme une folie dont Montréal n'était pas encore atteinte. Pressentant la révolution qu'allait entraîner cette nouvelle façon d'accéder aux films, René rentre à la maison à bride abattue et prévient Jacques Parisien que le train en marche doit s'arrêter. Il devient presque ridicule de publier un magazine sur le cinéma sans tenir compte des nouvelles habitudes des consommateurs. Il essaie de convaincre le vice-président d'attendre un peu, six mois peut-être, le temps de mesurer l'impact de cette nouvelle donne.

Mais, la machine étant très grosse, il était impossible de reporter la date de lancement. De surcroît, les campagnes de publicité étaient déjà amorcées. René avait l'impression que le train fonçait droit dans un mur, en toute connaissance de cause. Il comprenait bien que la société Télémédia accuserait des pertes financières si elle retardait la mise en marché du magazine de quelques mois, mais valait-il mieux faire cela maintenant plutôt que se diriger tout droit vers un échec, au bout duquel les pertes seraient encore plus importantes? Compte tenu du faible bassin de population, l'attrait du public pour une revue aussi spécialisée reste quand même assez limité au Québec.

Rien n'y fit. Le magazine fut lancé malgré tout dans sa forme originale. Pour la première fois de sa vie, René a parcouru le Québec de fond en comble, en plein hiver, à la faveur d'une tournée de promotion. Il garde des souvenirs impérissables de ses visites dans les stations régionales de télévision et de radio, des bons et des moins bons. Certains animateurs n'avaient même pas daigné sortir leur exemplaire du *Ticket* de son enveloppe, et n'avaient aucune idée de ce dont il était question. Au cours de l'une de ces interviews, René a expliqué que, d'une certaine manière, l'idée était de paver une autoroute pour tous les cinémas du monde, sur laquelle il y aurait également de la place pour le cinéma québécois. En guise de réponse, une animatrice a fait valoir que dans son coin, on préférait les petites routes de campagne…

Comme prévu, *Ticket* s'est écrasé. La publication fut interrompue un an plus tard, soit juste un peu après qu'*À première vue* eut commencé sa carrière à la télévision. Si l'aventure avait été couronnée de succès, qui sait si la synergie entre le magazine et l'émission de télévision aurait pu offrir un résultat intéressant? Cette idée de convergence restera à jamais au rayon des fantasmes. Au cours de sa courte vie, *Ticket* a donné l'occasion à de jeunes critiques de faire leurs premiers pas. Parmi eux, un dénommé Richard Martineau. René ne regrette pas du tout son choix, d'autant que le jeune homme, alors à l'orée de la vingtaine, affichait une passion sans borne pour le cinéma. Il est heureux d'avoir contribué à la révélation du talent du journaliste, certes, mais de là à cautionner les idées du fougueux chroniqueur trente ans plus tard, euh… non.

« Le monde a pu profiter du talent de Richard Martineau pendant les années où il a travaillé au journal *Voir*, où il était très bon. Maintenant, il prétend qu'il n'est plus la même personne et qu'il y a eu dans son cas un *then* et un *now*. J'ai du mal à croire que l'on puisse changer à ce point. Personnellement, je considère qu'il y a au contraire une vraie continuité entre mon *then* et mon *now*. Bien sûr, on évolue. Mais je ne suis pas aujourd'hui en contradiction avec celui que j'étais il y a trente ou quarante ans. »

Chapitre 13

À PREMIÈRE VUE

Le 4 septembre 1975, la station WTTW de Chicago, affiliée à la chaîne publique américaine PBS, a modestement mis à l'antenne une petite émission consacrée à la critique de films. À partir de ce jour-là, la façon dont on s'est mis à parler de cinéma à la télévision n'a plus jamais été la même. Intitulée d'abord *Opening Soon at a Theater Near You*, puis rebaptisée *Sneak Previews* deux ans plus tard, elle mettait en vedette les critiques des deux plus grands quotidiens de la Ville des vents, Gene Siskel, du *Chicago Tribune*, et Roger Ebert, du *Chicago Sun-Times*. Quelqu'un, quelque part, a eu l'idée de réunir ces deux rivaux – ils ne s'aimaient vraiment pas au départ – dans une formule toute simple. Assis dans le décor d'une salle de cinéma, les deux hommes passaient en revue les nouvelles productions à l'affiche, en exprimant souvent des désaccords non feints. Le succès fut tel que l'émission fut rapidement repêchée par toutes les stations du réseau.

Les deux critiques sont devenus des stars du petit écran. Leur verdict, illustré par un geste du pouce – *Thumb's Up, Thumb's Down* – s'est transformé en marque de commerce. Ce symbole, tel le verdict d'un empereur romain dans l'Antiquité, pouvait avoir l'effet d'une secousse sismique auprès des studios américains.

Le succès de la formule reposait sur les discussions des deux experts, très animées quand leurs opinions étaient diamétralement opposées. Siskel et Ebert, tous deux disparus, ont souvent expliqué qu'ils ne parlaient jamais ensemble des films dont ils allaient discuter avant que la lumière de la caméra ne s'allume, histoire de ne pas altérer la spontanéité des échanges.

Pendant la préparation du magazine *Ticket*, René a suggéré à Andréanne Bournival, alors directrice des programmes à Radio-Canada, de jeter un coup d'œil sur l'émission américaine. Ardente cinéphile, qu'on croise encore aujourd'hui dans les festivals de cinéma montréalais, cette dernière a bien sûr prêté une oreille attentive. René lui faisait valoir que cette formule, qui n'avait alors pas encore été reprise par tout le monde et son père, pouvait très bien être adaptée au Québec. Il suffisait simplement de trouver la personne qui pourrait lui donner la réplique.

Aimée Danis, qui dirigeait avec Guy Fournier la société de production Le Verseau, s'est mise sur le coup. Étonnamment, la maison n'a même pas eu à débourser le moindre sou pour reprendre la formule américaine. René concède avoir joué un peu avec le feu quand, un jour, il a sollicité une entrevue auprès de Roger Ebert. Lors de l'un des nombreux passages de l'éminent critique à Montréal, qui assistait annuellement au Festival des films du monde, René a tenté de le convaincre en faisant valoir «l'hommage» qu'*À première vue* lui rendait en reprenant la même formule que la sienne. Peut-être avait-il «poussé sa chance» un peu trop loin : Ebert ne lui a finalement jamais accordé d'entretien.

Selon Aimée Danis, la première chose à faire était de trouver un commanditaire. Avec la productrice, René a fait le tour des grandes sociétés pour lesquelles

Le Verseau avait déjà réalisé des publicités. Ils ont reçu partout une fin de non-recevoir : le projet paraissait encore trop embryonnaire. L'idée de reprendre la formule de Siskel et Ebert était formidable, mais encore ? Avec qui ? Sur quel ton ?

Même sans commanditaire, la direction de Radio-Canada a finalement décidé d'aller de l'avant avec le projet. À cette étape s'est posée la question du coanimateur. Ou, plutôt, de la coanimatrice. René était persuadé que, pour bien fonctionner, il fallait trouver quelqu'un de très différent de lui dans tous ses aspects, y compris le genre. L'idée de faire appel à une personne venue d'ailleurs lui semblait tout indiquée.

Les patrons de Radio-Canada voyaient Suzanne Lévesque tenir aisément ce rôle, mais pas René. Même si la populaire animatrice et lui travaillaient ensemble «depuis au moins cent ans» et qu'ils étaient de très grands amis dans la vie, il estimait que Suzanne et lui étaient un peu trop semblables pour rendre l'émission intéressante. Il fallait plutôt miser sur des réactions viscérales face à une œuvre, issues des points de vue de deux personnes qui pensent différemment, qui ne sont pas nées au même endroit, qui n'ont pas le même parcours historique, ni les mêmes références. Mais qui pourrait bien répondre à ces critères ? René a alors pensé à Chantal Jolis.

Avant de travailler avec elle, René ne connaissait pas l'animatrice. Bien sûr, il l'écoutait à la radio depuis quelques années, dans les émissions auxquelles elle participait, ou qu'elle animait, depuis son arrivée au Québec en 1980, notamment *L'oreille musclée.* Il a fallu un petit moment avant que la direction de Radio-Canada consente à faire un essai, car Chantal n'était pas encore très connue du public de la télévision. Dès la première rencontre, René a pourtant senti le potentiel de cette relation. Laquelle pouvait rester agréable, même si, dans les faits, chacun allait prendre un malin plaisir à tirer très fort la «couverte» de son côté. Pierre Morin a déjà surpris son conjoint en train de regarder l'émission, chronomètre à la main, parce qu'il voulait vérifier si le temps alloué était bien partagé, et, surtout, égal à celui de sa partenaire!

«Quand je me réveillais le matin de l'enregistrement d'*À première vue,* mon attitude était complètement à l'opposé de celle qui était la mienne à l'époque de *Mesdames et messieurs,* dit René. Pour moi, c'était le bonheur!»

Le décor d'*À première vue* a été conçu par Hugo Wuethrich, un artiste-peintre qui a fait sa marque à Radio-Canada en signant les décors des grandes émissions que Pierre Morin a réalisées, notamment celle consacrée au *Barbier de Séville.* René ne s'en est pas tout de suite rendu compte, mais Hugo, un très grand ami de Pierre, a beaucoup insisté pour dessiner une disposition très précise. Contrairement à Siskel et Ebert, qui étaient assis face à face, Chantal et René étaient installés dans deux rangées différentes, l'une devant, l'autre derrière. Hugo prétendait que la dynamique était beaucoup plus intéressante de cette façon. Il était clair que ce plan avait été conçu pour favoriser nettement René car il pouvait ainsi mieux «dominer» son «adversaire» en cas de combat. Des tests ont été faits. Cette disposition a été adoptée.

Les «chicanes» entre Chantal et René furent épiques. On pouvait alors diviser le public en deux camps. D'un côté, il y avait ceux qui croyaient en des confrontations arrangées «avec le gars des vues»; de l'autre, ceux qui croyaient en une véritable acrimonie entre les deux animateurs. Leurs divergences d'opinions étaient réelles, sérieuses par moments, mais jamais il n'y eut de vraies disputes. Chantal et René misaient beaucoup sur leurs différences, quitte à pousser le bouchon un peu pour en faire un bon spectacle. Ils ne se sont jamais fréquentés dans la vie, mais, aux yeux du coanimateur, cette relation professionnelle a toujours été « extrêmement plaisante ». Même s'il la trouvait parfois « chiante, râleuse, française », il a pris beaucoup de plaisir à la côtoyer pendant les sept années qu'a duré l'émission. Nathalie Petrowski a cependant dû prendre le relais quand Chantal est partie animer son propre talkshow, *C'est du Jolis*, au tout nouveau réseau Télévision Quatre-Saisons (TQS).

René apprécie beaucoup Nathalie, même sa façon parfois un peu bizarre de percevoir les choses et de les dire. Il sourit au souvenir d'un petit gag fait aux dépens de la journaliste. Pour se venger de façon sympathique d'un article qu'avait écrit Nathalie quelques années auparavant, dans lequel elle l'avait décrit comme un obsédé des cotes d'écoute, René a décidé de suggérer des tenues vestimentaires à la nouvelle coanimatrice. Au moment de la diffusion d'*À première vue*, au cœur des années quatre-vingt, la série *Dynasty* imposait des standards de mode hallucinants : grosses épaulettes, coiffures laquées, maquillages insistants.

Dans la vie de tous les jours, particulièrement dans sa jeunesse, Nathalie ne se souciait guère de toutes ces considérations. René lui a cependant rappelé l'importance de l'image à la télévision. À partir de ce jour, Nathalie est toujours apparue en ondes en arborant des tenues extravagantes, assorties de coiffures impressionnantes. Le coanimateur riait dans son coin de coulisse, fier de son coup, et il a gardé le silence. Nathalie a passé la saison entière en portant des accoutrements impossibles et en utilisant des bonbonnes entières de *spraynet* qui, c'est certain, ont dû altérer la couche d'ozone. René estime toutefois que ce look lui allait très bien, d'autant qu'il s'inscrivait parfaitement dans le courant.

La parodie d'*À première vue* par le groupe Rock et Belles Oreilles reste à jamais gravée dans nos mémoires. René l'a aussi trouvée très drôle. À ceux qui lui demandaient pourquoi il n'en était pas offusqué, il répondait toujours que l'imitation est une forme d'admiration. Celle d'Yves Pelletier, farcie d'onomatopées et de gestes exaspérés, a marqué les esprits. «Et puis, la reconstitution d'extraits de films était formidable», insiste-t-il.

Pendant plusieurs années au cours des années quatre-vingt, alors que le Festival des films du monde de Montréal vivait ses plus belles heures de gloire, *À première vue* était exceptionnellement diffusé sur une base quotidienne. L'affluence au FFM était telle que des stagiaires avaient le mandat de se pointer très tôt dans les files d'attente et de réserver des places dans les salles pour Chantal et René. Les deux animateurs devaient voir plusieurs films tous les jours, disposant d'un jeu d'à peine quelques minutes entre les projections. La production a aussi parfois eu maille à partir avec Serge Losique, le grand manitou du FFM. Le plateau de ces émissions spéciales a été installé à différents endroits, mais René se souvient particulièrement de l'année où tout se déroulait à l'extérieur, face au cinéma Le Parisien, où avaient lieu les principales activités du festival. L'idée était d'impliquer les cinéphiles mais, ironiquement, le public ne s'est pas présenté, trop occupé à voir des films à l'intérieur du cinéma.

Il adorait aussi le fait que de grands films – il cite *Thérèse* d'Alain Cavalier – suscitent des discussions. Dans les belles années du Festival des films du monde, il a pris un « *fun* noir » à participer à des débats orchestrés autour d'œuvres extraordinaires. « Serge Losique a tué ça par bêtise, mais en ces temps-là, il présentait des films de très belle qualité, précise René. Il récupérait tous les films du Festival de Cannes et on l'en remercie car cette époque a été fabuleuse. J'aurais aimé vivre comme ça pendant toute l'année, à voir des films, enregistrer l'émission, retourner tout de suite voir d'autres films. Chantal Jolis me disait non, quand même, deux semaines, c'était très bien comme ça. Selon elle, on avait aussi le droit de faire autre chose dans la vie. Elle avait bien sûr raison ! »

Danièle Cauchard, la vice-présidente du FFM, refusait d'organiser des visionnements destinés aux journalistes, mais elle envoyait à l'équipe d'*À première vue* tous les longs métrages plus obscurs de sa programmation gargantuesque. René se terrait dans une salle de visionnement de Radio-Canada pendant au moins une dizaine de jours, à se taper navet sur navet. Un jour, la productrice Aimée Danis l'a cru fou. Il lui avait dit avoir regardé ces films-là en entier, ou, dans les cas vraiment désespérés, d'en avoir vu au moins une heure. Elle lui a fait comprendre qu'il suffit habituellement de cinq minutes de projection pour savoir si on peut embarquer dans l'histoire d'un film, ou s'il y a intérêt d'en parler ou pas. Ce fut une sorte de leçon. Dans le contexte du travail, ce conseil s'est révélé très pertinent. C'est aussi à ce moment que René a compris que le FFM leur envoyait n'importe quoi. Et que sa direction ne faisait aucun choix de programmation.

Chantal Jolis est décédée en 2012. René a alors déclaré qu'elle et lui s'étaient toujours bien entendus et qu'elle avait fait mentir la vieille rumeur urbaine de la «Française chiante». En réalité, la relation n'a pas été toujours si facile. Mais Chantal était une femme d'opinions, très enjouée, qui savait ce qu'elle aimait, mais aussi très bien ce qu'elle n'aimait pas. Cela ne pouvait que séduire un homme d'expression comme René.

Quand il évoque l'état actuel de la critique de cinéma au Québec, René se sent un peu responsable de la tendance qu'ont aujourd'hui les médias de se concentrer uniquement sur la culture populaire. *À première vue* serait même un peu à l'origine de cette volonté «maudite» de non seulement parler de gens connus, mais aussi de faire très court. «Je pense que nous n'accordions pas plus de trois minutes à chaque film. Ce n'est vraiment pas long, surtout quand on ne partage pas le même avis. Il faut quand même exprimer un peu le pourquoi du comment», dit-il.

Pour lui, le cinéma est un art d'ouverture. Il n'exige pas de connaissances particulières pour être apprécié, contrairement à la peinture, la sculpture ou la musique, et son vecteur principal est l'émotion. «On peut être autant touché par un film de Denis Côté comme *Vic + Flo ont vu un ours* que par un grand film de Bergman, précise-t-il. Même si cela peut paraître prétentieux, je me suis toujours perçu comme quelqu'un qui se place un peu au-dessus du lot. Dans la mesure où je n'ai jamais fait partie d'aucune chapelle. J'ai sans doute eu de petits snobismes – on en a tous – mais jamais de façon sectaire. Quand je parlais de disques et de musique dans des chroniques, j'ai toujours avoué mon aversion pour le *country* mais cela ne m'a jamais empêché, des années plus tard, d'interviewer Renée Martel et d'avoir d'intéressantes conversations avec elle. On ne peut pas se forcer à apprécier des choses qui ne nous intéressent pas mais, au cinéma, tout m'intéressait.»

Il estime que la critique peut avoir une certaine influence pour les films d'auteurs à distribution plus confidentielle, mais qu'elle n'a jamais eu le pouvoir de faire déplacer des foules, même à la grande époque. «Pauline Kael, la légendaire critique américaine, avait sa secte qui la suivait partout. Je la lisais avec beaucoup de plaisir, comme tous les critiques de cette envergure. Quand ils se trompent, ils le font avec un tel panache qu'ils sont quand même en mesure de bien faire comprendre leurs arguments au lecteur. En France, la critique a peut-être encore une influence mais chez nous, je ne crois pas. Les cinéphiles vont s'y intéresser, bien sûr, mais ça devient alors, essentiellement, un plaisir de lecture.»

Comme tout le monde, il constate que la place des critiques de cinéma rétrécit aujourd'hui comme peau de chagrin dans les médias. Peut-être est-ce dû au fait d'un mode de «consommation» différent. Les films venus du monde entier sont accessibles avec un simple clic, ainsi que toutes les opinions critiques. Selon René, les gens auront toujours envie de se faire raconter des histoires, mais il n'est pas dit qu'ils feront encore l'effort de sortir de chez eux pour aller se les faire raconter dans une grande salle bien remplie. Seules les superproductions et les grosses machines de ce genre survivront.

«À une certaine époque, j'allais pratiquement voir tout ce qui était à l'affiche. Maintenant, il faudrait qu'on me fouette pour me sortir de chez moi. Beaucoup de gens se réjouissent – moi aussi d'ailleurs – du fait que les séries télé sont d'aussi bonne qualité, sinon plus, que les bons films populaires. Plus on sera en mesure de tout regarder ça chez soi dans de bonnes conditions, moins le cinéma en salle fonctionnera. Il n'attirera plus que les petits *muppets* qui aiment se faire crever les tympans!»

À PROPOS
DU CINÉMA

COMME À PEU PRÈS TOUS LES GENS DE MA GÉNÉRATION, j'ai découvert le cinéma dans des sous-sols d'église. Des trucs comme *Fu Manchu*, uniquement destinés à divertir les foules – et Robert Charlebois, qui en a fait une délicieuse chanson. Il n'y avait rien là pour donner la piqûre. Quand, plus tard, j'ai commencé à voir des films en salle, je me rappelle davantage le rituel de la projection, qui comprenait parfois un reportage, un court métrage et un dessin animé, plutôt que les films présentés en programme principal, vite vus, vite oubliés. J'ai le souvenir d'une expérience collective plus intense que maintenant, mais il me semble qu'au début des années cinquante à Montréal, nous n'avions accès qu'à des films de troisième ordre, en tout cas, jamais du calibre de ceux que j'ai vus à New York plus tard.

Je me souviens avoir aussi vu les films documentaires de l'abbé Maurice Proulx, projetés sur des draps blancs en guise de grand écran. Ce qu'il nous montrait n'était pas toujours excitant mais nous avions quand même l'impression de découvrir des choses du Québec dans ses films, un peu comme l'ont fait les premiers colons en Amérique.

J'ai grandi au beau milieu de l'âge d'or hollywoodien, mais les stars de cinéma de cette époque ne m'ont jamais fait rêver. Aucun des films de mon enfance ne m'a marqué. C'est un peu comme si mon esprit avait transformé en bouillie pour les chats tout ce que j'ai vu avant de découvrir de vraies œuvres cinématographiques à New York à dix-huit ans. Je peux me souvenir très précisément de certains films d'Ingmar Bergman, *Les fraises sauvages*, ou d'Alain Resnais, *Hiroshima mon amour*, et cela me paraît d'ailleurs un peu étrange, dans la mesure où j'ai toujours été davantage attiré vers le cinéma populaire plutôt que vers le cinéma très pointu. De la même manière que la musique classique m'a entraîné vers la chanson, ce sont des films de très grande qualité, exigeants parfois, qui m'ont fait aimer le cinéma.

Au début des années soixante, je me suis principalement intéressé au cinéma international. L'appréciation des bons films américains viendra plus tard. C'est aussi à cette époque qu'est né le cinéma d'auteur québécois, grâce, notamment, à *À tout prendre*, le film de Claude Jutra. Ce qu'on tournait ici était principalement destiné au public universitaire, dont je faisais partie. Je n'ai pas gardé de souvenirs impérissables de ces œuvres-là non plus, car j'y voyais beaucoup de maladresses.

En fait, je crois que nos pionniers n'avaient pas compris que les films qu'ils fabriquaient en vase clos dans leur cénacle empruntaient la forme d'une espèce de trahison, car le cinéma est avant tout un art populaire. Bien sûr, on peut essayer des choses, faire des expériences, mais il faut quand même que le résultat ait un écho dans le regard et le cœur des gens. Il y a cinquante ou soixante ans, nous étions désespérément à la recherche de quelque chose, fortement influencés par la Nouvelle Vague en France, mais aussi par la tradition documentaire de l'Office national du film. *Pour la suite du monde*, coréalisé par Pierre Perrault et Michel Brault, est un documentaire remarquable, dans lequel on sentait bien cette attirance vers la fiction. Mais cette approche a mis en valeur une sorte de fausse piste, et il est devenu très difficile de s'affranchir de l'influence de l'ONF par la suite.

Denis Héroux, un homme que j'ai adoré, a compris très rapidement ce qu'il fallait faire : des films que des gens iraient voir, avec un peu de sel et un peu de poivre dans la formule. C'est ce qui est arrivé avec *Valérie*. Denis n'était pas un très bon réalisateur, mais il est devenu par la suite un grand producteur, grâce à des films comme *Les Plouffe*, *La guerre du feu* et *Atlantic City*. Nous avons beaucoup discuté ensemble. Parfois même, il me consultait, notamment pour un film intitulé *7 fois... par jour*, que je lui avais déconseillé de faire.

Puis est arrivé *L'initiation*, dont la vedette devait être, une fois encore, Danielle Ouimet, la star de *Valérie*, et dans lequel devait aussi jouer mon amie Chantal Renaud. Je lui ai dit qu'à mon avis, il se trompait dans son casting, et qu'il lui fallait plutôt un nouveau visage, frais, afin que l'actrice et le personnage se confondent. Je savais aussi que la vie sentimentale de Chantal était cahoteuse, et qu'elle risquait de tomber amoureuse pour de vrai de son partenaire de jeu – c'était le comédien français Jacques Riberolles – et que ça se verrait à l'écran. *The rest is history*.

Le succès des films de Denis Héroux, dont on a dit qu'il « a déshabillé la petite Québécoise », a eu son revers. Au Québec, tout le monde s'est mis à faire des « films de fesses », y compris des gens qui ne connaissaient rien au cinéma. Des choses ahurissantes comme *Après ski*, *La pomme, la queue et les pépins*, plein de navets de cette nature ont surgi de nulle part. De grands acteurs se sont prêtés à ces films « poches », et cela devait être terrible pour eux. Nous, de notre côté, nous nous moquions beaucoup de ces très mauvais films. Denis Héroux est le seul cinéaste de cette vague à avoir pu s'en tirer de façon honorable grâce aux projets auxquels il fut associé ensuite. Les autres sont disparus après avoir pris la même vague que lui, surfé dessus pendant un moment, puis coulé.

Donald Pilon était pratiquement la figure emblématique du cinéma québécois populaire à cette époque, tout comme Luce Guilbeault l'était du côté du cinéma d'auteur. Cette dichotomie est intéressante. J'ai vu Luce pas mal au théâtre, au cinéma aussi bien sûr, mais le côté un peu hargneux des personnages qu'on lui confiait, geignard aussi, finissait par m'agacer. Cela dit, Luce avait une présence remarquable sur une scène ou un écran. Il émanait d'elle de vraies choses.

Dans les années soixante-dix au Québec, le cinéma populaire et le cinéma d'auteur ont vécu sur deux planètes opposées. Le talent des auteurs qui ont fait leur marque, les Claude Jutra, Gilles Carle, Denys Arcand, Michel Brault, etc., a été vraiment révélé quand ils ont compris qu'il fallait raconter une histoire pour atteindre les spectateurs, d'abord et avant tout. À mes yeux, le cinéma de Jean-Pierre Lefebvre est constitué d'errances. À part *Les dernières fiançailles* et *Les fleurs sauvages*, je ne retiens rien des nombreux films qu'il a réalisés. Je me souviens m'être esclaffé très fort dans une salle de cinéma en regardant *Le jour S…* Quand Marie Tifo dit à Pierre Curzi, alors qu'ils sont complètement nus, face à face, qu'il n'a pas changé en lui regardant directement la « zoune », je n'ai pu m'empêcher de hurler de rire. C'est libérateur, parfois !

Jean-Claude Lord a poursuivi un peu la démarche de Denis Héroux, en ce sens qu'il a lui aussi voulu faire un cinéma populaire qui intéresserait les gens. Son approche était très américaine sur ce plan, même si ses films étaient fabriqués pour le public d'ici. Il a fait preuve de beaucoup de culot mais a été rapidement mis à l'écart du milieu parce qu'il était une sorte de corps étranger. *Bingo*, qui avait pour cadre la crise d'Octobre, n'était pas un mauvais film. Lord aimait faire un cinéma qui bouge, qui déménage, avec beaucoup d'énergie.

Parlez-nous d'amour, que Jean-Claude Lord a réalisé d'après un scénario de Michel Tremblay, a été réhabilité auprès des cinéphiles aujourd'hui, mais à cette époque, surtout pour nous, qui évoluions dans le milieu de la télévision, ce film-là empruntait toutes les allures d'un suicide professionnel pour Jacques Boulanger. Je n'ai jamais compris pourquoi Jacques avait accepté ce rôle-là, qui lui demandait de refaire au cinéma ce qu'il faisait déjà à la télévision, dans le cadre d'une émission en tous points semblables à celle qu'il animait. C'était une grave erreur à mon avis, car l'ensemble ressemblait davantage à une télé réalité grinçante. La démarche était intéressante, cela dit, et Michel Tremblay s'était vraiment lâché lousse! À l'intérieur du milieu, tout le monde connaissait la réalité à laquelle le film faisait écho. Les histoires de cul étaient aussi très présentes à cette époque. Dans mon entourage, on a un peu pris ça comme une vengeance. Enfin, quelqu'un osait dénoncer la situation! Mais le public n'avait pas du tout envie d'aller voir ce qui grenouillait dans l'envers du décor. Pantoute.

La critique québécoise avait été virulente à l'endroit de ce film au moment de sa sortie. Cela étonne d'autant plus que nous étions alors au temps où la critique était plutôt complaisante à l'égard des films d'ici. À mon sens, cette attitude n'a pas du tout rendu service au cinéma québécois. Quand je dirigeais le *Nous*, je me suis rendu compte que nous nous faisions du tort à nous-mêmes en donnant au public de faux espoirs et en racontant des histoires sous un éclairage trompeur. On se sentait investi du devoir d'aider notre cinéma national, jusqu'à ce qu'on s'aperçoive que nous étions en train de détruire la seule arme dont la critique dispose : sa crédibilité. À partir du moment où l'on se met à dire du bien de quelque chose dont on sait pertinemment qu'il ne le mérite pas, où diable peut-on aller? J'ai écrit une chronique en forme de *mea culpa* à l'époque. Je n'ai aucune idée si elle a eu un impact ou pas, mais il me semble que le phénomène a été moins flagrant par la suite.

Quand il m'a interviewé il y a quelques années, Marc Cassivi m'a parlé de la fameuse «prime Québec», cette demi-étoile supplémentaire que certains critiques attribueraient aux films québécois du simple fait de leur nationalité. Je lui ai répondu que le phénomène semblait moins exister maintenant. Il ne m'a pas cru. Il est vrai qu'il peut encore exister, peut-être même inconsciemment, mais je crois que c'est partout pareil. Les Français ont aussi leurs clans.

Parallèlement à tout ça, le grand cinéma américain, du moins celui qui s'est mis à m'atteindre directement, a commencé à émerger. Il y a eu *Bonnie & Clyde* (Arthur Penn), *The Graduate* (Mike Nichols), *Nashville* (Robert Altman), plein d'autres aussi, bref, le dernier âge d'or véritable du cinéma américain s'est poursuivi jusqu'au début des années quatre-vingt. Avec tout ce qui se passait dans le monde, et particulièrement aux États-Unis, c'était inévitable. Avant les années soixante, le cinéma n'était pas vraiment un vecteur de la société sur le plan social. Il l'est devenu, par la force des choses. En 1962, j'ai fait la grande tournée des États-Unis en voiture avec mon ami Pierre, avec des arrêts dans les États ségrégationnistes du sud. J'ai ensuite pu faire des liens entre ce que le cinéma nous montrait de cette réalité et celle dont j'ai été témoin. D'une certaine façon, cette plaie-là est encore ouverte et fait remonter à la surface des choses profondes qu'on croyait à jamais disparues. Et les politiques de Donald Trump viennent réveiller tous ces démons-là.

Nous sommes alors tombés dans l'ère de l'antihéros, avec des personnages beaucoup plus réalistes. Les Robert

Altman, Francis Coppola, Martin Scorsese, Steven Spielberg et compagnie sont arrivés. Leurs films témoignaient de la force de frappe américaine, alors que de grands moyens étaient entièrement mis au service de la création. C'était comme un vrai feu d'artifice. Leurs œuvres ont certainement contribué à forger les mentalités, à les changer aussi. Je me demande cependant toujours si l'impact d'un long métrage sur le plan social découle des idées qu'il contient, ou s'il s'agit plutôt d'un bon sens du *timing*. Il doit y avoir convergence entre les deux car le public doit aussi être prêt à recevoir ce qu'on lui propose. *M.A.S.H.*, qui a d'abord été un film avant d'être une émission de télé, a beaucoup nourri le courant antimilitariste qui a secoué l'Amérique à cette époque.

Par ailleurs, comme j'ai été follement amoureux de la France pendant très longtemps, le cinéma français m'a aussi beaucoup attiré car j'ai découvert le pays grâce aux films. Voir la France en vrai, à l'âge de vingt-six ans, a été l'un des moments extraordinaires de ma vie.

Puis, en 1975 est arrivé *Jaws*. Le film de Steven Spielberg a annoncé la venue de la culture du *blockbuster*, pour le pire à mon avis. Personne ne pouvait encore se douter de ce qui allait nous pendre au bout du nez parce que nous étions alors trop occupés à avoir beaucoup de plaisir en regardant ce film. J'adore Spielberg et je défends encore son cinéma (*A.I. Artificial Intelligence* est l'un de ses meilleurs), mais d'une certaine façon, il a sonné le glas d'un cinéma américain intéressant. Il a également ouvert la voie à la colonisation des jeunes esprits, qui n'apprécient désormais que le bruit et les cinémas en forme de manège. Involontairement, Spielberg a assassiné une forme intéressante de cinéma américain. Les studios investissent désormais leur argent dans des productions tapageuses qui n'ont ni queue ni tête.

La décennie suivante, celle des années quatre-vingt, est aussi fort intéressante, quoique bien différente. Cette époque est marquée par l'arrivée d'un cinéma esthétique, comportant des images très léchées, souvent influencé par la publicité et le clip. Luc Besson et Jean-Jacques Beineix ont été à la tête de ce mouvement en France. Chez nous, Léa Pool et Jean-Claude Lauzon ont aussi emprunté cette approche. En plus du propos, on utilisait la technique, qui évoluait beaucoup, pour travailler la forme. Pourtant, les deux films qui m'ont le plus touché, *L'homme blessé* (Patrice Chéreau) et *Le déclin de l'empire américain* (Denys Arcand), ne se revendiquent pas de ce courant.

Denys Arcand a bien su gérer l'héritage qu'il a reçu de l'ONF en faisant un grand film autour d'un propos qui relève du discours d'un jésuite. Le distributeur René Malo avait eu la gentillesse de m'inviter à un visionnement privé du film, alors qu'il n'avait pas encore été présenté à la Quinzaine des réalisateurs du Festival de Cannes. À la sortie de la projection, j'étais bouleversé au point où j'ai été incapable de verbaliser quoi que ce soit. Je voyais sur l'écran des gens de ma génération, réunis par quelqu'un qui parvient à ramasser tous les thèmes qui préoccupent une population pour mieux les lui renvoyer à la figure. Notre héritage judéo-chrétien était abordé avec intelligence dans un film qui ne pouvait être plus contemporain.

Le succès du *Déclin de l'empire américain* à l'étranger a aussi marqué les débuts de la couverture par les médias locaux du rayonnement international de notre cinéma. On s'est du même coup intéressé à la moindre chose écrite dans un média français à propos d'un film québécois qui prend l'affiche là-bas. Ce regard-là me paraît intéressant car malgré notre langue commune, il y a d'immenses différences entre les deux pays. Cet exercice est plein d'enseignement : il nous en apprend davantage sur eux que sur les films dont ils parlent. Contrairement à d'autres, je ne vois pas là un réflexe de colonisé, étant donné que la France reste un pays de référence sur le plan culturel, et qu'elle abrite une population dix fois plus nombreuse que la nôtre. Pour les gens de ma génération, et peut-être aussi celle qui suit, ce réflexe existe, il est vrai, et ne peut s'effacer parce qu'il relève presque de la génétique. Tous les combats que nous avons menés pour la défense de la langue française ou pour l'indépendance du pays ont fait que l'art issu d'un pays qu'on nomme aussi la Mère patrie sera toujours coloré par cette vision des choses.

J'ai aussi parfois la nostalgie des discussions que le cinéma engendrait à cette époque. On ne discute plus vraiment des films que l'on voit maintenant. Dans les plus belles années du Festival des films du monde, je me souviens d'échanges mémorables dans le hall du cinéma Le Parisien, alors qu'en petits groupes, nous bloquions le passage de tout le monde, trop passionnés par nos propos. Ces discussions étaient possibles parce que nous étions tous ensemble dans un même lieu. Les réseaux sociaux ont peut-être pris le relais aujourd'hui, mais ça n'est pas pareil.

Depuis le succès du *Déclin de l'empire américain*, le cinéma québécois a évolué de façon assez fulgurante. Si Denis Héroux a été le père du cinéma québécois contemporain, Roger Frappier peut aussi revendiquer, très certainement, la paternité du nouveau cinéma québécois. Ce producteur, qui a toute mon admiration, a eu du flair et n'a jamais lâché. Sa marque de commerce est extraordinaire.

Grâce à la nouvelle génération de cinéastes ayant émergé au cours des années quatre-vingt-dix et deux mille, les Philippe Falardeau, Denis Villeneuve, Jean-Marc Vallée, Xavier Dolan et tous les autres, une véritable industrie du cinéma a été créée chez nous. On a maintenant l'impression que le monde est vraiment à la portée des cinéastes d'ici

186

et ils n'hésitent pas à tenter leur chance. Il y a quarante ans, une proposition venue de Hollywood était vue comme un véritable sacrilège. Cela n'est plus le cas maintenant et c'est tant mieux. Christian Duguay fut le premier à y aller et il a raté la plus haute marche de justesse. Cela est très dommage pour lui, même s'il mène une très belle carrière en France, mais d'autres ont ensuite profité de la brèche qu'il a ouverte, Jean-Marc Vallée et Denis Villeneuve, notamment.

Bien sûr, on peut déplorer l'absence de ces excellents cinéastes qui s'exilent ailleurs mais on serait bien fous de les blâmer. Les films qu'ils ont l'occasion de faire à l'étranger ne pourraient jamais être produits chez nous. Denis Villeneuve a atteint un niveau si élevé qu'il devient pratiquement inenvisageable de penser qu'il puisse tourner un film produit au Québec dans un avenir rapproché. Les parcours de ces réalisateurs ont vraiment de quoi inspirer les plus jeunes.

J'ai toujours pensé que le clivage entre le cinéma à vocation populaire et le cinéma d'auteur provoquait un faux débat. Aucun cinéaste ne souhaite que son film soit projeté dans des salles vides. Les films de Bernard Émond n'attireront jamais des millions de spectateurs mais ils ont le droit d'exister. Avec la somme de talents qu'il y a au pays, je ne voudrais pas être dans les souliers de ceux qui choisissent les projets qui auront le feu vert. Sans les institutions, il n'y a pas de cinéma au Québec. En France, l'État s'implique aussi beaucoup. Les États-Unis sont le seul pays où le cinéma fonctionne sans fonds publics, mais là-bas, les cinéastes ont la planète entière comme terrain de jeu. Avec les nouvelles générations qui émergent, qui s'ajoutent à celle de vétérans toujours actifs, je crois que nos institutions devraient investir bien davantage dans le cinéma.

J'aimerais bien aussi qu'on se distingue des Américains pour mesurer le succès d'un film. Plutôt que d'indiquer les recettes engendrées aux guichets, on devrait établir les palmarès selon le nombre de billets vendus, comme le font les Français. Cela donnerait un portrait beaucoup plus juste de la situation.

Chapitre 14

LA FAMEUSE BANDE. ET SA SUITE...

Tous ceux qui étaient installés devant leur téléviseur le samedi 9 septembre 1989, à 17 h, s'en souviennent. La célèbre *Bande des six* a alors fait son entrée de façon pour le moins fracassante, grâce à une confrontation inattendue entre Georges-Hébert Germain et Michel Tremblay. Trois jours plus tard, la « redoutable » Louise Cousineau posait une question dans le titre coiffant sa recension : « Un meurtre avant la fin de la saison[3] ? »

Ce projet d'émission était dans l'air depuis long-temps. Suzanne Lévesque, qui en a eu l'idée, en a souvent parlé à son chroniqueur radiophonique et n'attendait plus que ce dernier quitte enfin *À première vue* pour passer à l'action. Mais voilà : René adorait son émission de cinéma et ne songeait guère à l'abandonner. Dans un moment d'incertitude, il s'est finalement décidé à plonger dans la nouvelle aventure, car chaque fois qu'une saison d'*À première vue* prenait fin, l'équipe ne savait jamais si l'émission était reconduite l'automne suivant, et la décision de la direction tombait toujours au beau milieu de l'été. Après plusieurs années de ce petit jeu, René en a eu marre.

---

3. *La Presse*, 12 septembre 1989.

Les formules les plus simples étant souvent les meilleures, Suzanne Lévesque souhaitait réunir autour d'une table six critiques pour discuter de l'actualité culturelle. Une interview avec un artisan au cœur de cette actualité, menée par l'un des chroniqueurs, était également prévue au programme, constituant ainsi une forme de parenthèse. En plus de René, des gens aussi divers que Nathalie Petrowski, Marie-France Bazzo, Dany Laferrière et Georges-Hébert Germain entouraient Suzanne.

Le projet fut soumis à la direction de Radio-Canada et fut accepté d'emblée. Le titre, *La bande des six*, est sorti d'une conversation à bâtons rompus entre Suzanne et René, bien qu'ils se soient auparavant creusé les méninges inutilement lors de séances de brassage d'idées. Le même phénomène s'était produit pour *À première vue*. L'équipe tournait autour du pot en sortant plein de mauvais titres quand, de façon nonchalante, Chantal Jolis a laissé tomber : « Ouais ben, à première vue... » L'évidence est souvent spontanée.

Pour lancer la nouvelle émission, on invite le plus célèbre écrivain du Québec, Michel Tremblay. L'auteur des *Chroniques du Plateau-Mont-Royal* vient alors de publier un nouveau roman : *Le premier quartier de la lune*. Lors de la toute première réunion d'équipe, Georges-Hébert Germain confie avoir trouvé sa lecture pénible. Ce couac inattendu ne passe évidemment pas inaperçu aux oreilles des collègues. Quoi de mieux qu'une petite controverse pour lancer une nouvelle émission ?

Georges-Hébert, un homme dont l'image n'est pas du tout associée à la confrontation ou à la discussion belliqueuse, n'a aucune envie de casser du sucre sur un roman qu'il n'a pas aimé. Les autres membres de l'équipe insistent néanmoins, et le « pompent » tellement qu'il finit par consentir à se prêter à l'exercice. Tout le monde était ravi, mais personne ne pouvait soupçonner que le doux Georges-Hébert en mettrait dix fois plus que le client n'en demandait. Les téléspectateurs ont assisté à un véritable jeu de massacre au cours duquel le critique a taillé le roman en pièces – devant l'auteur. Il a évoqué une piètre qualité d'écriture, le mépris que Tremblay entretient pour ses personnages et le quartier populaire duquel ils proviennent, l'utilisation du «joual», bref, tout y est passé.

Au souvenir de René, Michel Tremblay était tétanisé après cet échange. D'autant qu'au Québec, un pays qui n'aime pas la «chicane», ce genre de discussion est extrêmement rare à la télévision. Que quelqu'un comme Georges-Hébert, qui aimait presque tout, ait l'occasion de discuter face à face avec le créateur d'une œuvre qu'il n'avait pas appréciée constituait pourtant, aux yeux de René, une idée aussi originale que formidable. Dès son arrivée, *La bande des six* a fait parler d'elle en suscitant la polémique.

Pendant les quatre saisons de l'émission, à laquelle ont également participé Joane Prince, Jacques Languirand, Gilles Carle et Jean Barbe, les moments spectaculaires de ce genre furent nombreux. L'émission française *On n'est pas couché* orchestre aujourd'hui ce genre de confrontations, qu'on imaginerait mal voir à la télévision québécoise à notre époque. René n'a jamais vraiment compris les raisons pour lesquelles la direction de Radio-Canada a mis un terme à l'émission. Homme d'équipe, les contacts réguliers avec la bande lui ont vite manqué. Il protégeait beaucoup Marie-France, la plus jeune du groupe. Elle s'assoyait toujours à côté de lui parce qu'elle avait souvent maille à partir avec Nathalie. Il aimait beaucoup cette dynamique.

Il y a quelques années, René a animé à la radio une émission spéciale où étaient réunis ses collègues de la célèbre bande. À la fameuse question : pourrait-on refaire une émission de cette nature à la télévision aujourd'hui ?, Marie-France a répondu qu'elle ne voyait pas pourquoi cette possibilité devait être écartée. Pour Nathalie, c'est non. Quand il se pose la question, René répond qu'il n'en sait rien. Bien des années plus tard, une formule semblable a été empruntée – ce fut *Six dans la cité* – mais cette émission n'a jamais eu le même impact que celle qui l'avait inspirée une vingtaine d'années plus tôt.

La bande des six a tellement marqué son temps que le magazine satirique *Croc* a même fait une grande affiche avec des caricatures des six critiques et une question : Qui détestez-vous le plus dans *La bande des six*? La tête de René était dessinée en forme d'œuf. Il garde encore précieusement cette affiche dans sa collection de souvenirs.

Une quinzaine d'années après la fin de *La bande des six*, alors qu'il pilotait *C'est bien meilleur le matin* depuis un bon moment, René a reçu une proposition à laquelle il n'a finalement pu résister. Quand Catherine Perrin, qui a tenu longtemps la chronique culturelle avec lui « aux aurores » à la radio, lui a demandé de participer à *On fait tous du show-business*, l'émission qu'elle s'apprêtait à animer à la télévision de Radio-Canada, sa réponse a d'abord été négative. L'animation d'une émission du matin à la radio étant déjà très exigeante, René voyait mal comment interrompre son congé du week-end – qu'il passe habituellement à la campagne – et revenir « en ville » pour aller livrer une chronique en direct au petit écran au beau milieu du dimanche après-midi. Par affection pour Catherine, qu'il apprécie beaucoup, René accepte de participer en *guest star* à la toute première émission. C'en fut fait. Il a trouvé l'expérience tellement distrayante qu'il a finalement accepté d'y retourner sur une base régulière.

De cette série a découlé deux ans plus tard *Six dans la cité*, toujours animée par Catherine Perrin. Autour d'elle étaient installés cette fois deux anciens de *La bande des six*, Nathalie Petrowski et René, ainsi que Marie-Christine Blais, Geneviève Guérard et Franco Nuovo. L'homme d'équipe était ravi d'avoir de nouveau l'occasion de discuter avec des collègues autour d'une table. La facture plus « sage » a cependant nui à la réussite de l'émission à son avis. Nathalie, Franco et lui étaient partisans d'une approche plus bordélique et souhaitaient que les intervenants puissent se permettre d'entrer dans la discussion à tout moment, quitte à se couper la parole, pour faire valoir un argument. Mais le réalisateur ne l'entendait pas ainsi.

« Il ne pouvait pas supporter qu'au retour d'une pause, par exemple, nous parlions encore entre nous, se rappelle René. Il fallait qu'on se taise afin que le silence règne sur le plateau. J'ai essayé de lui faire comprendre que notre indiscipline indiquait à quel point nous étions passionnés par nos sujets, et que le rôle de Catherine était de nous interrompre, mais ça ne passait pas. Cela dit, j'ai eu infiniment de plaisir à faire *Six dans la cité* aussi. »

René fut également pressenti pour animer d'autres grands rendez-vous culturels. Deux ans après la fin de *La bande des six*, bien avant *Les enfants de la télé*, un concept français que Radio-Canada a importé chez nous, il travaillait à l'élaboration d'une émission axée sur les archives télévisuelles. Tout semblait en voie de bien fonctionner.

Il se trouve que par un bel après-midi champêtre, un peu trop bien arrosé, un message tombe sur le répondeur de la maison de campagne, c'est le réalisateur Jocelyn Barnabé, l'un des as du domaine. Il parle de la mise sur pied d'une nouvelle émission culturelle qu'il aimerait voir animée par René. Plutôt que de prendre la nuit – celle qui porte conseil – et d'attendre le lendemain pour retourner l'appel, René s'exécute dès son arrivée à la maison. «Heille, merci beaucoup mais non, ça ne m'intéresse pas vraiment parce que, t'sais, je suis en train de travailler sur un autre projet qui va sans doute marcher. Donc, *thanks but no thanks!*», laisse-t-il à son tour sur le répondeur de monsieur Barnabé.

Pas même trente minutes ne se sont écoulées avant que la sonnerie du téléphone – «drelin drelin» – ne retentisse de nouveau. Cette fois, Paul Dupont-Hébert, le grand patron du secteur culturel de Radio-Canada, est au bout du fil. René a eu la brillante idée de laisser le répondeur branché. Il a ainsi eu la sagesse d'attendre le lendemain avant de parler au grand patron de vive voix. Entre-temps, le conjoint Pierre, qui connaît très bien tous ces gens-là, lui téléphone et lui demande s'il n'est pas carrément devenu fou. Comment peut-on refuser aussi sèchement l'animation d'une émission de prestige à la télévision? Une fois les vapeurs d'alcool disparues, René a rappelé Jocelyn Barnabé en lui offrant d'abord ses excuses. La proposition l'intéressait, évidemment.

La direction de Radio-Canada propose de diffuser son nouveau magazine culturel en direct, le vendredi soir. Dans le milieu de la télévision, tout le monde sait très bien que la soirée du dernier jour de la semaine a servi de cimetière à d'innombrables émissions, mais on indique à René qu'une cote d'écoute de 200 000 spectateurs serait très satisfaisante.

La question du titre fut une fois de plus débattue. René avait déjà en tête *Culture club*, un titre qu'il reprendra vingt ans plus tard pour son émission radiophonique hebdomadaire. À l'époque, cette suggestion a été fraîchement rejetée. Les titres qu'on lui proposait en retour lui paraissaient tous plus «poches» les uns que les autres. Avec Jocelyn, il s'est dit que le tandem finirait bien par trouver quelque chose, une astuce, *Scènes de la vie culturelle* par exemple. René estime le titre très mauvais mais il a le mérite de remplir le cahier des charges. Tout y est: la scène, la vie, la culture. À la direction, on a trouvé ce titre génial.

Depuis le début de sa carrière, René n'avait jamais vraiment connu les affres du trac. Il a vécu des choses un peu stressantes parfois, mais la nervosité empruntait toujours la forme d'une poussée d'adrénaline, à la fois utile et agréable car elle était souvent accompagnée d'une bonne dose d'énergie. Pendant longtemps, il a cru que le trac, celui qui envahit tout un être au point de le paralyser de peur et lui faire perdre tous ses moyens, était une invention des chanteurs et des comédiens pour se rendre intéressants. Sa perception a complètement changé le jour de la première diffusion – en direct – de *Scènes de la vie culturelle*. Il dit même «avoir failli mourir».

Une heure avant d'entrer en ondes, René dit qu'il ne se rappelait même plus son nom, encore moins celui de ses invités. *Black-out* total. Heureusement, Marie-Hélène Roy était à ses côtés, et elle s'est bien aperçue que quelque chose n'allait pas. Sa grande amie l'a alors entraîné dans sa loge, l'a fait asseoir. Elle s'est ensuite installée face à lui et a posé des questions simples, comme on le fait pour une personne en état de choc nerveux.

— Qui est l'invité?

— Luc Plamondon.

— Il est où, Luc? Et comment va-t-on faire pour lui parler?

— Luc est à Paris, et on va le voir dans un petit moniteur.

— OK. À part ça, qu'avons-nous au menu?

Marie-Hélène a passé en revue tout le programme de l'émission avec René et l'a ainsi aidé à retrouver un peu ses esprits. Mais il veut quand même mourir. Il s'est rendu sur le plateau dans un état second, s'est assis dans son fauteuil, et il a vécu intérieurement l'enfer. L'idée de se lever et de quitter l'endroit carrément, là, en direct, s'est immiscée dans son cerveau, même s'il savait très bien qu'un tel geste était impossible à faire. À ses yeux, tout était déjà fini. Il était inconcevable qu'il puisse s'infliger une telle souffrance de nouveau, à moins de sombrer dans la folie.

Tant bien que mal, plutôt mal que bien à vrai dire, René est passé à travers la première émission de *Scènes de la vie culturelle*. L'expérience dont il dispose et ses réflexes professionnels ont fait en sorte que le public n'a pu vraiment se rendre compte de sa profonde détresse intérieure. Après la diffusion, René se souvient s'être accordé une nouvelle chance. Mais si, la semaine suivante, il ressentait encore un malaise de cette nature, il allait quitter l'émission, quitte à payer une pénalité. Heureusement, la deuxième émission s'est déroulée sans heurts. Il n'y a pas eu de problème récurrent.

Deux autres moments de panique sont venus ponctuer la carrière de René, liés aux deux cérémonies qu'il a animées à Radio-Canada : le gala Excellence de *La Presse*, et le gala des prix Génies, remis aux artisans du cinéma canadien.

Le gala de «La Pravda» – c'est ainsi que René le surnommait – était à ce moment-là organisé par le président de l'époque, Roger D. Landry. Ce dernier étant un grand amateur d'opérette, le studio 42 de la

Grande Tour était envahi «d'opéretteux». On avait laissé à René «un petit banc» sur le bord du plateau afin de faire les présentations et les liens. L'émission spéciale, d'une durée de deux heures, était diffusée en direct. René réclame auprès du réalisateur Roger Fournier, un «garçon adorable mais paresseux comme une famille d'ânes», la présence d'un télésouffleur. Aussi incroyable que cela puisse paraître, on lui répond que la chose est impossible. Plutôt que d'insister auprès de la direction, René a cédé. Pendant deux heures, l'animateur du gala a lu sur des cartons les longues présentations écrites par le scripteur Jean Barbe alors que la caméra ne pouvait montrer autre chose que son «beau dessus de crâne bien *shiné*» en gros plan. Complètement épuisé par cette aventure, René a fait l'impasse sur le chic party organisé à la fin de la soirée. «*No fucking way.*»

Quand l'Académie du cinéma et de la télévision a décidé d'organiser la soirée des Génies à Montréal, en 1996, ce fut encore pire. Tout allait si mal sur le plan technique que René a carrément eu l'impression de vivre une expérience extra-sensorielle. Son rôle était d'animer une émission spéciale d'après-gala, histoire de profiter de la présence de nombreuses vedettes, parmi lesquelles Helena Bonham-Carter, Peter Gabriel et Pascale Bussières. René trouvait plutôt marrante l'idée de rester fin seul dans l'immense studio 42 et d'être en liaison avec tous les invités en mode festif. Une vingtaine de minutes d'extraits préenregistrés étaient prévus afin de donner du rythme à une émission constamment branchée sur la réception.

Dès l'arrivée de l'émission à l'antenne, rien n'a fonctionné. Rien. Aucun problème n'a pu être réglé au fil de la soirée. Quand un bout de son était audible, l'image disparaissait, ou le contraire. Il fallait meubler, étirer, enchaîner. Mais que peut-on ajouter après avoir répété deux cents fois que des problèmes techniques empêchent de mener les entrevues à bien ?

Deux options s'offrent alors à l'animateur : dire *fuck* et quitter le plateau, ou rester et tenter de faire pour le mieux. Bien que très réel, le malaise n'était probablement pas si perceptible à l'écran, mais René garde le souvenir d'une expérience terrifiante. Dans tous ses états, le régisseur, qui se retenait pour ne pas fondre en larmes, traduisait bien le désespoir atteint ce soir-là. Quand il est coincé dans ce genre de situation, René peut heureusement s'appuyer sur son sens de l'humour et du ridicule. En lévitant un peu, il s'est progressivement mis à trouver tout cela du plus haut comique. Ses propos devaient sans doute refléter son exaspération.

Il s'est de nouveau fait proposer d'animer des émissions de ce genre, mais il refuse désormais de «taxer son vieux corps» de la sorte. «J'ai mis des jours à me remettre de ces deux choses-là. *Never, never, never again!*»

Le seul bon souvenir de cet affreux gala? Le costume «absolument ravissant» qu'il a porté ce soir-là, qu'il garde toujours avec l'espoir de pouvoir y entrer de nouveau un jour, même s'il a été conçu pour ce qu'il dit être «la moitié de moi-même».

Pendant toute la saison de *Scènes de la vie culturelle*, environ 255 000 téléspectateurs se sont pointés au rendez-vous chaque semaine. Selon René, l'émission ne «cassait rien mais était très correcte». Il y a même pris goût. Une fois la saison achevée, l'équipe reste toutefois dans l'incertitude car la direction tarde à annoncer le renouvellement de *Scènes de la vie culturelle*. Étant donné la bonne performance, René reste confiant. Comment pourrait-on justifier le retrait d'une émission ayant largement dépassé les objectifs fixés par la direction elle-même?

En cette année 1996, Marie Perreault, celle-là même qui l'a «rendu fou» à titre de coanimatrice du talkshow *Mesdames et messieurs*, est à la tête du secteur Variétés. René lui donne un coup de fil afin d'en savoir plus sur le sort de l'émission. La directrice lui répond qu'elle n'a pas vraiment le temps de lui parler mais qu'il n'y a pas d'inquiétude à y avoir, que tout était réglé, qu'elle lui en reparlerait. Prenant la route le lendemain pour gagner la ville depuis sa maison de campagne, René s'arrête en chemin pour acheter les journaux. *Le Devoir* annonce en gros titre que *Scènes de la vie culturelle* est retirée de l'horaire. Il est toujours agréable d'apprendre ainsi les nouvelles qui vous concernent...

Plonger

Quoi que prétendent certaines écoles, on n'apprend pas à faire de la radio ou de la télé autrement qu'en plongeant dans la grande piscine. Si on a du talent, on apprend vite à nager. Si on n'en a pas, on se casse la margoulette.

Longtemps avant Radio-Canada et *C'est bien meilleur le matin*, j'ai plongé dans ce bain tourbillon. Timidement, d'abord, en chroniquant chez les autres et en apprenant comment on doit être efficace, et intéressant, et amusant, sans se tirer dans le pied et sans tirer la couverture. À CJMS, avec André Robert et Edward Rémy, mais surtout à CKAC, avec Suzanne Lévesque. C'est d'elle que j'ai appris l'essentiel de ce périlleux métier.

Suzanne était, littéralement, une magicienne, qui possédait le rare talent de rendre légères les choses graves et de donner du tonus aux frivolités. Dans sa boîte à outils, il y avait bien sûr sa voix, tantôt chaude et rassurante, tantôt pointue. Et son rire, rafraîchissant et contagieux. Il y avait aussi son expérience de comédienne.

En travaillant avec elle de longues années – et en la remplaçant parfois pendant ses vacances –, j'ai compris qu'on ne pouvait exercer ce métier qu'avec notre instinct, notre curiosité, notre écoute. Et qu'on ne devait jamais laisser une porte s'entrouvrir sans tenter, au moins, d'y glisser une oreille ou un œil – ou un pied…

Longtemps, nous avons été très proches. Et puis la vie a fait sa job. Mais de notre collaboration, des leçons que sans le savoir elle m'a données, de notre amitié aussi, je garde d'impérissables souvenirs.

R. H.-R.

Chapitre 15

LA GRANDE AVENTURE RADIOPHONIQUE

Même si elle était moins présente au cours de ses vingt premières années de carrière, la radio a toujours fait partie de la vie professionnelle de René. Bien avant ses chroniques dans l'émission *Touche à tout*, qu'animait Suzanne Lévesque, il a fait entendre sa voix à CJMS, ainsi qu'à CKVL. Pour faciliter sa participation à l'émission qu'animaient André Robert et Edward Rémy à CJMS, on lui avait installé un micro dans son bureau de *Nous*, afin qu'il puisse livrer ses interventions à distance. Ce dispositif – très répandu aujourd'hui – était encore peu employé. Très brièvement, André Robert, l'un des animateurs de *Bon dimanche* à Télé-Métropole, avait aussi dirigé le *Petit Journal* au moment où René y était journaliste. Peu après son arrivée en poste, le nouveau patron avait convoqué le chroniqueur dans son bureau pour lui annoncer qu'il trouvait tellement grotesque le salaire qu'on lui payait qu'il allait le doubler sur-le-champ. «Ah! Si vous insistez…»

René a marqué l'histoire radio-canadienne en pilotant l'émission matinale pendant quinze ans, mais son expérience radiophonique à l'intérieur de la société remonte à bien plus loin.

Un archiviste de la Grande Tour lui a offert en cadeau il y a quelques années l'enregistrement d'une émission intitulée *Auto Stop*. Diffusée en fin d'après-midi pendant un été au cours des années soixante, cette série constitue sa toute première expérience d'animation radiophonique. « C'était sinistre !, rappelle-t-il. Je parlais d'une voix très posée, à la manière de Michel Trahan. Je commentais les pièces musicales que nous faisions entendre, et que j'avais moi-même choisies. Je rendais tout le monde fou car j'allais écouter les disques à tue-tête dans le bureau du réalisateur, installé sur l'étage de la musique classique. J'étais complètement laissé à moi-même car ce réalisateur se foutait de tout et ne faisait strictement rien. À cause de cette expérience très décevante, je n'ai plus fait de radio pendant un bon bout de temps ! »

Pendant les années quatre-vingt, René a pratiqué la radio un peu comme par-dessus la jambe, estimant que la télévision était plutôt la « vraie affaire ». « J'avais beaucoup de plaisir à travailler avec Suzanne Lévesque mais jamais l'idée ne me serait venue de faire une carrière d'animateur à la radio. Jamais ! »

Au détour des années quatre-vingt-dix, cette perception a complètement changé quand René a repris le chemin des studios de Radio-Canada pour animer l'émission matinale du week-end d'abord, puis la quotidienne, l'émission phare de toute station de radio. La télévision donne une notoriété immédiate mais René a rapidement apprécié le lien plus intime, plus privilégié qu'on peut nouer avec un auditeur.

Ce retour s'est tellement bien déroulé que la réalisatrice, Louise Carrière, surnommée la Dame de fer, a très vite souhaité que toute l'équipe de l'émission du week-end émigre vers la quotidienne. René n'était pas très chaud à l'idée. Il savait que son rythme de vie deviendrait complètement différent, mais au-delà de cette vie à l'envers, il y avait également la pression, inévitable, d'occuper une case horaire aussi prestigieuse, alors que tout est beaucoup plus *cool* la fin de semaine, tant auprès des patrons qu'auprès de la presse.

Pour René, la découverte de la radio, la vraie, celle qu'il a commencé à pratiquer dans les années quatre-vingt-dix, fut comme une épiphanie. Du coup, sa vie a changé. Il avait maintenant l'impression d'être au cœur de l'actualité. Il aimait beaucoup recevoir les politiciens, discuter avec eux, les coincer poliment. Il avait l'impression d'être utile à la société. Parler d'art, de spectacles, de cinéma et de littérature comporte sa pertinence, bien entendu, mais le sentiment n'est pas de même nature. Quand il a quitté *C'est bien meilleur le matin* en 2013, René a eu l'impression de choisir l'ombre après avoir été dans la lumière pendant quinze ans. S'il n'avait pas commencé à sentir les effets du vieillissement, il y serait probablement encore.

Avant l'arrivée de René, l'émission matinale a connu des moments un peu plus flottants. Michel Lacombe a brièvement pris le relais de Joël Le Bigot, qui a occupé le siège pendant dix-neuf ans, puis Jacques Bertrand peu de temps après. Louise Carrière l'ayant finalement convaincu de la pertinence de changer de créneau, René s'est montré intéressé. Aussi a-t-il voulu rencontrer Sylvain Lafrance, alors le grand patron de la radio. Ce dernier saute sur l'occasion, d'autant qu'il fait partie de ceux qui ont mal compris la décision du secteur télé à propos de l'émission *Scènes de la vie culturelle*.

Émigrer d'une émission matinale de fin de semaine à une quotidienne représente un changement radical. Et total. La production dispose de beaucoup plus de moyens et peut faire appel à de nombreux collaborateurs. René avait maintenant le sentiment de pouvoir s'éclater.

205

Dès l'entrée en ondes de l'émission quotidienne, à l'automne 1998, René a trouvé ses repères et ses aises. Les auditeurs étaient au rendez-vous. Si, en principe, le jeu des cotes d'écoute ne devrait pas atteindre les artisans d'un diffuseur public, René jetait toujours un œil très intéressé sur les statistiques, histoire de mesurer le degré d'intérêt du public. Dans une case horaire très compétitive, dominée par Paul Arcand sur les ondes d'une radio privée, *C'est bien meilleur le matin* s'est un temps hissé en toute première place du palmarès. Brièvement, mais quand même.

Deux ans et demi après l'arrivée de René à la barre de la matinale quotidienne, les cotes d'écoute avaient triplé. « Une grosse chicane a éclaté entre la Dame de fer et la directrice des communications, se remémore-t-il. Dans une entrevue, elle attribuait le succès de l'émission aux grands panneaux installés à l'entrée des ponts et sur les autoroutes. Louise collait au plafond ! Elles se sont engueulées comme du poisson pourri mais elles avaient raison toutes les deux. Tout ce qui fut investi en promotion a eu un impact indéniable. Mais si l'émission n'avait pas été bonne, elle n'aurait pas eu de succès, avec ou sans pub. La combinaison des deux a produit ces bons résultats. »

René ne cache pas avoir ressenti un petit velours la première fois où il a vu sa « binette » surdimensionnée en empruntant le pont Champlain. Quand les téléphones intelligents ont été mis sur le marché, des auditeurs se sont empressés de lui envoyer des photos de ces panneaux, plantés dans toutes sortes d'endroits, dans des angles différents. C'était très drôle.

Forcément, la popularité de l'émission a propulsé René au sommet de la hiérarchie radiophonique. Il a toujours négocié ses contrats lui-même et n'a jamais eu recours aux services d'un agent. L'idée de verser 15 % de son cachet à un tiers et de lui confier son sort ne lui a jamais souri. D'autant que les contrats qu'il a signés au fil des ans découlaient toujours de la demande d'un diffuseur. Traçant un parallèle avec le domaine immobilier, il estime connaître sa propre maison mieux que personne.

Ses talents ayant été développés à l'époque où il réglait les affaires de ses parents, René a toujours négocié serré pour obtenir le maximum. Sa témérité lui a souvent été utile, même si, parfois, ses proches trouvaient qu'il charriait un peu. Il se souvient des gros yeux que lui ont fait Pierre et les amis Marie-Hélène et Jean-Louis quand ils ont entendu René discuter au téléphone avec l'ensemble de la direction de Radio-Canada, lors d'un appel conférence. René ne cessait de dire que l'offre était inacceptable, qu'il était hors de question de signer un tel contrat, qu'il en était presque insulté, et que non, mais pour qui me prenez-vous à la fin ? Les patrons auraient très bien pu lui dire de s'écraser, mais ils finissaient par lui proposer nettement plus que ce qu'ils consentaient au départ.

« En fait, je suis l'un des très rares pigistes ayant eu droit à un contrat de cinq ans, rappelle René. La proposition était une somme globale du contrat pour toute cette durée. Un peu comme un joueur de hockey. Cette façon de négocier a été très formatrice. Elle m'a en tout cas donné un sens aigu de ma valeur sur le marché. »

La culture d'entreprise de Radio-Canada est habituellement très rigide. Tout est bien compartimenté, sectorisé, et les distinctions sont habituellement bien étanches entre les différents services. Pendant toutes ses années à *CBF Bonjour,* Joël Le Bigot n'a jamais mené d'entrevues avec des politiciens ou des intervenants de l'actualité. Tout simplement parce que l'animateur de la matinale n'avait pas le mandat de les réaliser.

L'arrivée de René a marqué un tournant à cet égard. Louise Carrière, la réalisatrice, et lui ont eu l'idée de s'aventurer sur ce terrain en organisant une entrevue *hot seat* avec une personnalité impliquée dans l'actualité. Évidemment, l'idée fut sèchement reçue par les bonzes du service de l'information, mais elle a pu se concrétiser car René disposait de l'appui de personnes influentes. Il est parfois difficile de manœuvrer dans les dédales administratifs de la société d'État mais René a toujours feint l'innocence. «Je n'avais strictement rien à foutre des chicanes de clochers entre l'information et les autres secteurs, dit-il. Je faisais ce dont j'avais envie et ce qui, à mon sens, devait être fait pour fabriquer la meilleure émission possible. Ça gueulait dans mon dos, il se disait des affaires absolument terribles, mais je ne m'en préoccupais pas. Louise d'abord, Stéphane Tremblay ensuite, puis Nadia Peiellon étaient sur la première ligne pour me défendre, avec Sylvain Lafrance, mais je sais qu'ils ont souvent dû faire face à ce genre de choses. Les rares fois où j'ai appris la présence d'un problème de cette nature, j'étais tellement au-dessus de tout ça qu'en général, j'avais plutôt envie de rire!»

Très complice avec Louise Carrière, il a été un jour prévenu par cette dernière de l'intention qu'avait un nouveau directeur – qui n'est pas resté en poste très longtemps – de l'inviter au restaurant pour lui «parler de quelque chose». Le nouveau bonze voulait convaincre René de laisser tomber l'entrevue de 7 h 35 avec un invité et de présenter plutôt le (ou la) journaliste de la salle de nouvelles qui s'en chargerait. Après avoir hyperventilé et collé au plafond, René a pu préparer le *show* qu'il allait faire à ce mini Napoléon.

«Je me suis rendu à L'express pour me faire annoncer ce que je savais déjà, par quelqu'un qui ne savait pas que je le savais, raconte René. J'ai fait l'innocent. Quand il m'a fait part de son idée, j'ai vociféré JAMAIS! JA-MAIS! J'ai gueulé en disant que ce que j'entendais était épouvantable, qu'il faudrait me congédier plutôt que de faire ça, que cet aveu de non-confiance était insultant. J'ai continué à l'accabler pendant plusieurs minutes, jusqu'à ce que ma voix s'éteigne. La négociation a ensuite été très dure, mais la direction a fini par consentir à greffer une entrevue dans le bulletin de nouvelles de 7 h.

«Dans cette nouvelle formule, je relançais ensuite l'émission et je faisais à mon tour une autre entrevue à 7 h 35. Ça n'a pas marché la première journée parce que le réalisateur est arrivé en retard. Le lendemain, c'est l'invité qui faisait faux bond. La troisième journée, l'entrevue des nouvelles a eu lieu mais elle a été écourtée parce que l'invité était encore arrivé en retard. Tout le monde a vite compris l'absurdité de la chose. Dès la saison suivante, nous sommes revenus à la formule originale. On n'en a plus jamais entendu parler».

Quand il a pris la barre de *C'est bien meilleur le matin*, René était âgé de cinquante-huit ans. Jamais il n'aurait pu imaginer occuper ce créneau aussi longtemps. Il s'y voyait quatre ou cinq ans, pas plus. Comme dit l'adage, le plaisir croît avec l'usage. René aurait aussi été malvenu de prendre un congé sabbatique d'un an alors que l'émission connaissait un très bon succès. Sur le plan financier, la chose devenait de plus en plus intéressante.

Pendant des années, donc, la question d'un départ ne s'est jamais posée. René finissait toujours sa saison sur les rotules mais après un mois de vacances, il commençait à s'impatienter. Le bourreau de travail avait hâte de retrouver son rythme, ainsi que les membres d'une équipe qu'il avait choisie et qu'il aimait. Avec ses collaborateurs quotidiens, Marc Laurendeau, Pauline Martin, Jean Pagé, Valérie Letarte, Claude Quenneville, Catherine Perrin et bien d'autres, il a entretenu un rapport d'ordre professionnel très chaleureux.

Après la mort de son conjoint Pierre, en 2012, René ne pouvait pas imaginer quitter la barre de son émission. Elle était sa béquille, sa bouée de sauvetage. Pour survivre, pour éloigner la douleur du deuil, il lui fallait replonger dans le travail, là, tout de suite. Non seulement parce que l'animation de cette émission le passionnait, mais aussi, surtout, parce qu'il était entouré là de gens qu'il aimait, qui le protégeaient, et qui étaient en mesure de l'aider. Dans son esprit, il était inenvisageable de quitter le navire à ce moment.

René a mené la barque de *C'est bien meilleur le matin* encore un an après la mort de Pierre. Il aurait peut-être repris du service une saison supplémentaire s'il avait senti un véritable appui de la part de la nouvelle direction. Mais celle-ci croyait que le temps était maintenant venu de repenser la formule. « On posait des questions du genre : est-il vraiment nécessaire d'avoir une chronique culturelle ? » se souvient René. « Peut-être que l'animateur peut faire lui-même la météo aussi ? Bref, le cortège d'imbécillités qui reviennent très souvent dans les réunions de production, mais qu'on n'applique à peu près jamais parce que tout le monde sait très bien que ça ne tient pas debout. »

En haut lieu, on souhaitait emprunter ce genre de direction. À les écouter, René aurait seulement lu les fils de presse. C'est du moins la perception qu'il en garde, comme un sentiment de dépossession. Tous les efforts mis à construire cette émission semblaient maintenant compter pour du beurre.

Deux rencontres ont eu lieu avec la nouvelle directrice générale, Patricia Pleszczynska, « une charmante dame, soit dit en passant », précise René. Au cours de la première, l'animateur a parlé de sa perception des choses. Entre autres détails, il a établi dès le départ son refus d'accueillir les auditeurs avec un « bienvenue, comment allez-vous ? » sur un ton faussement enjoué. Jamais il ne pourrait s'y contraindre. Si tel était le ton que la direction souhaitait désormais emprunter, il serait alors préférable de faire appel à quelqu'un d'autre.

Au cours d'une seconde rencontre, un contrat d'une durée de cinq ans lui fut offert, conditionnel à certains changements dans l'émission. Les cotes d'écoute de *C'est bien meilleur le matin* étaient toujours honorables mais *Puisqu'il faut se lever*, la matinale qu'animait Paul Arcand au 98,5, commençait à gruger des parts de marché. « Radio-Canada ne voulait pas se mettre à imiter l'émission d'Arcand non plus, souligne René. En fait, la direction ne savait pas vraiment ce qu'elle voulait. Quand madame Pleszczynska m'a offert ce contrat de cinq ans, je n'ai pas pu faire autrement que de lui demander si elle savait quel était mon âge. Elle m'a répondu que ça n'avait pas d'importance. Eh bien pour moi, si. Nous étions en 2013. Au terme du contrat, j'aurai soixante-dix-huit ans. Vais-je avoir encore envie, moi ? Et vous, allez-vous avoir envie d'un vieux bonhomme ? Avec tout ce que ça implique ? Qu'on le veuille ou non, la machine commence à être usée… »

Pendant cette conversation, René entrevoyait toutes les batailles qu'il aurait à mener, que d'autres avaient livrées pour lui auparavant. Une voix intérieure lui suggérait d'oublier tout ça. *Been there, done that*, comme disent les Chinois. Plus âgé, affaibli par les deuils successifs qu'il avait dû faire au cours de l'année précédente, il ne voulait pas risquer de gâcher toute cette belle aventure en étirant la sauce inutilement, surtout avec les ingrédients qu'on voulait lui imposer dans la recette. «J'ai dit à Patricia d'arrêter. Qu'en y pensant bien, il valait mieux que je m'en aille. Cette décision a été gardée secrète jusqu'au jour où je l'ai moi-même annoncée aux auditeurs.»

Ce jour-là, très émotif, ne s'est toutefois pas déroulé comme prévu. René a même vécu ce 24 avril 2013 comme une humiliation. Alors que les médias auraient en principe dû se concentrer sur la nouvelle du départ d'un animateur ayant piloté l'émission phare de la Première Chaîne pendant quinze ans, ils ont braqué, par la force des choses, leurs projecteurs sur une autre personne. L'identité de la remplaçante, Marie-France Bazzo, a été dévoilée à peine quelques heures après que René eut fait son annonce.

Sa présence à *Tout le monde en parle* n'était pas encore confirmée mais l'entente avec l'équipe de Guy A. Lepage était tacite. «Nadia Peiellon, la réalisatrice de *C'est bien meilleur le matin,* m'apprend que, finalement, non, on ne m'invite pas. Or, le lendemain, je vois que Marie-France est au nombre des invités. Je l'ai très mal pris. Pour moi, il s'agissait d'une absence d'élégance totale. Au pire, nous aurions pu y aller tous les deux, d'autant que j'avais accueilli Marie-France à mon émission. Elle m'avait ouvert les portes de la radio de Radio-Canada en m'offrant une chronique à *VSD* dans les années quatre-vingt-dix. Je lui ai rappelé cet épisode au micro en ajoutant que la vie était bien faite car là, maintenant, c'était à mon tour de lui offrir une place qu'elle ne me prenait pas, mais que je lui cédais. Bref, cela aurait pu donner lieu à un joli numéro à la télé, il me semble. Mais ils ont choisi d'inviter seulement Marie-France et elle a réussi à se mettre très rapidement le pied dans la bouche en se donnant comme objectif d'avoir de meilleures cotes d'écoute que Paul Arcand d'ici un an ! »

René garde cependant un merveilleux souvenir de sa toute dernière présence à *C'est bien meilleur le matin*, le 21 juin 2013, très émouvante, il va sans dire. Ayant retrouvé le plaisir de la grasse matinée, il a rarement écouté *C'est pas trop tôt*, l'émission qui a succédé à la sienne. Il n'en avait pas très envie non plus. « Je n'en veux pas à Marie-France, dit-il. Je suis seulement désolé, même consterné, qu'elle n'ait pas compris que la fondation de la maison était déjà solide. Elle aurait pu continuer à bâtir d'autres étages. »

La nouvelle animatrice a construit l'émission à son image, et l'a menée à sa manière. Plutôt que « d'aller pêcher à l'extérieur de son petit lac », elle a préféré s'adresser, selon René, à sa « secte », dans laquelle se retrouvent des gens qui lui sont proches, qui la défendent, et « qui pensent qu'elle est la 9e merveille du monde ». « Toutes les émissions de télévision qu'elle a produites – *Il va y avoir du sport* était excellente – ou les émissions de radio qu'elle a animées auparavant empruntent la forme d'un cénacle, ajoute-t-il. Ceux qui aiment, adorent. Ceux qui n'aiment pas n'ont jamais l'occasion d'avoir le goût d'y entrer. Elle a fait la même chose le matin à la radio, ce qui était une très mauvaise idée. Il faut savoir être à l'écoute, feindre l'orgasme en ondes, même à propos d'un sujet qui ne nous intéresse pas personnellement. Je n'ai jamais été attiré par les sports mais j'ai eu la chance de travailler avec des collaborateurs comme François Gagnon, beaucoup d'autres aussi, qui transmettaient tellement bien leur passion que la moindre des choses pour un animateur, me semble-t-il, est d'embarquer dans leur jeu et de les écouter. C'est le rôle du chef d'orchestre de les mettre en valeur et de leur relancer la balle. Je ne pouvais évidemment pas engager avec eux une discussion d'experts – c'est sûr que je serais passé au «batte» – mais cela rendait l'affaire intéressante. Je suis persuadé que les gens qui nous écoutaient pouvaient apprécier. Même ceux que le sport intéresse moyennement et qui, du même coup, se reconnaissaient en moi. Quand on manque d'écoute, cela paraît en ondes, qu'on le veuille ou non.»

Le règne de la toute première *morning woman* de Radio-Canada fut plutôt bref. Moins de deux ans après avoir accédé au poste, Marie-France Bazzo a annoncé qu'elle quittait à son tour, pour, selon l'expression consacrée, «relever de nouveaux défis». «Elle est partie dans le plus grand désordre, malgré ce qu'elle a raconté, commente René. Mais je n'en sais pas plus. De toute façon, cela ne regarde qu'elle.»

Forcément, la sortie en queue de poisson de Marie-France l'a ramené à sa propre histoire. L'année post-départ fut difficile à vivre. René a même parfois regretté sa décision. Plus le temps s'écoulait, plus il avait l'impression de s'éloigner de l'action, de ne plus être en son centre, de ne plus faire partie du cercle d'influence. Il ne parvenait plus à s'intéresser à la politique de la même façon non plus car il n'avait plus la chance d'en discuter avec ses principaux artisans. Son intérêt peut s'émoustiller de nouveau, lors d'un événement marquant par exemple, mais il ne lui est plus utile de la même façon. Cette constatation, quand on la fait, n'a rien de très plaisant.

L'idée d'un retour à l'animation d'une émission quotidienne ne lui a cependant jamais effleuré l'esprit, même pendant les déboires de Marie-France, et encore moins aujourd'hui. La capacité physique ne peut plus tolérer un régime aussi exigeant. À la toute fin de la dernière année de *C'est bien meilleur le matin*, René commençait à ressentir une sorte de flottement en entamant la quatrième heure. Au retour du bulletin de nouvelles de 8 h, il prenait conscience de l'effort supplémentaire qu'il devait faire pour garder sa capacité de concentration, laquelle a toujours été l'une de ses grandes forces. N'ayant jamais vécu cela auparavant, il y a vu un vrai signal, bien au-delà de la direction qu'allait emprunter l'émission. Peut-être aurait-il accepté une année supplémentaire si on lui avait proposé de la reconduire telle quelle, mais guère plus. « Si j'avais continué, dit-il, je me serais retrouvé dans la position de celui qui se raccroche à quelque chose pour lui permettre de se remettre de la mort de trois êtres chers. J'aime autant me concentrer sur des choses que j'aime, à petites doses. »

Une fois *C'est bien meilleur le matin* rangé dans les archives, on sonde René afin de savoir ce qu'il souhaite maintenant accomplir. L'animateur commence à penser à *Culture club*, une émission hebdomadaire qu'il anime encore tous les dimanches, et aussi à *La bibliothèque de René*, une émission consacrée à la littérature, une autre de ses passions, qui n'aura finalement vécu qu'une seule saison. Hélas.

Les aurores

Le 5 h à 6 h, à *C'est bien meilleur le matin,* ne ressemblait pas tout à fait au reste de l'émission.

Mon ami Stéphane Tremblay, qui a mené l'équipe pendant de très fructueuses (et heureuses) années, avait baptisé le premier quart de l'émission « le cercle des intimes ». Parce que tous mes collaborateurs étaient frais du jour, décontractés, de bonne humeur... Et que c'est ce feeling qu'on voulait transmettre à nos fidèles qui, à cette heure-là, étaient forcément moins nombreux que plus tard.

La première heure, donc.

Il faut dire que je me suis battu pour qu'elle existe. La direction de la SRC de cette époque aurait préféré qu'on s'allume au plus tôt à 5 h 30. Pas moi.

Parce que, dès 6 h, le pont Jacques-Cartier était déjà un immense parking, et que les gens qui en étaient prisonniers avaient forcément dû se lever plus tôt. Et qu'il fallait, dès que possible, commencer à creuser la différence entre nous et l'incontournable Paul Arcand.

Il faut bien dire que la lutte finale a été remportée par lui. Mais elle fut, la lutte, distrayante. Avec, pour chacun, des hauts et des bas.

Les titres de nos émissions étaient tout autant opposés que leurs contenus. Chez lui, « Puisqu'il faut se lever », pessimiste fataliste selon un de mes amis psy, et chez nous, « C'est bien meilleur le matin » qui, au-delà de sa connotation (à peine) «olé olé», annonçait le plaisir plutôt que les obligations.

Le cercle des intimes, donc, était plus décontracté, plus léger, plus distrayant – les grosses nouvelles à commenter, les horreurs quotidiennes ne plombaient pas encore le ton, on pouvait se permettre des errances, rigoler. Pour nous, c'était une façon idéale de commencer la journée. Pour nos auditrices /auditeurs itou, je crois.

Lorsque, au hasard d'une rediffusion, j'entends le ton et la manière qu'on avait autrefois, particulièrement à Radio-Canada, de feindre le naturel en lisant des textes dont on entendait très nettement qu'ils avaient été écrits, je crois faire un mauvais rêve. Comparé à la liberté de ton que savent aujourd'hui manier la plupart des intervenants, comme on nomme trop souvent les artisans de la radio et de la télé, on se croirait dans un autre siècle... On y est, d'ailleurs.

Je l'ai répété souvent, les années que j'ai passées à la barre, comme on dit, de cette émission ont été pour moi des années bénies, à quelques parenthèses près. Parenthèses qui n'ont laissé de traces indélébiles ni sur moi, ni sur mes collaborateurs.

Au tout début, je ne voulais pas entendre parler de me lever aux aurores et de me coucher à 20 h, moi qui ai passé une grande partie de ma vie à rarement rentrer chez moi avant 2 h ou 3 h du matin. J'étais loin d'être certain, aussi, d'avoir ce qu'il faut pour mener un si gros bateau, après le long règne de Joël Le Bigot.

C'est la réalisatrice Louise Carrière, alias la Dame de fer, qui m'a peu à peu convaincu. Et qui a choisi avec moi l'équipe des recherchistes – Monique Lapointe, Louise Rousseau, Sylvie Julien, Franck Fiorito, plein d'autres tout aussi formidables – avec lesquels j'ai appris bien plus qu'ils n'ont appris de moi.

La radio, la télé, ce sont des sports d'équipe dont chacun des joueurs dépend des autres. Ça ressemble à un cliché, mais c'est, dans ce métier, une vérité fondamentale que ceux et celles qui l'ont oubliée ont payée très cher.

Le plaisir que j'ai pris à côtoyer, semaine après semaine, saison après saison, ces gens formidables me fait comme un coussin de jolis souvenirs sur lequel je peux poser mon âme…

R. H.-R.

À PROPOS
DE LA RADIO

QUAND J'ÉTAIS ENFANT, la télévision n'existait pas encore. La radio occupait un bel espace dans les familles québécoises, mais je mentirais si je disais que mes parents l'écoutaient beaucoup. En revanche, ma sœur et moi étions très friands des radioromans que les diffuseurs destinaient à un public d'enfants. À Radio-Canada, il y avait *Yvan l'intrépide*, un feuilleton écrit par Jean Desprez, dont nous ne rations aucun épisode. Tout de suite après, CKAC diffusait *Madeleine et Pierre*, notre feuilleton favori, écrit par André Audet.

Nous écoutions religieusement ces émissions en nous construisant de petits abris avec des coussins, dans le boudoir. Ces feuilletons étaient tellement bien conçus, avec des bruiteurs qui se chargeaient de tout l'environnement sonore, que nous avions des images précises en tête, comme s'ils nous donnaient de la vraie nourriture pour notre imaginaire. Un jour, au beau milieu d'une semaine, le feuilleton s'est arrêté sans prévenir et n'est jamais revenu. Nous n'avons jamais eu d'explications. Bien des années plus tard, j'ai travaillé à CKAC et je n'ai pu m'empêcher de poser des questions sur le sort de *Madeleine et Pierre*. On m'a trouvé un peu bizarre mais je n'en ai pas su davantage car, comme la plupart des stations privées, CKAC n'a pas gardé d'archives. J'ai encore parlé de cette émission avec ma sœur l'été dernier, et, tout récemment, avec Monique Miller, qui y jouait. Le mystère reste entier.

Quand j'ai habité un moment chez tante Juliette et oncle Armand, la radio était bien présente. Ils écoutaient même des feuilletons américains. Je n'en comprenais pas un traître mot mais ça créait une ambiance. L'attention que tante et oncle accordaient à ces émissions faisait en sorte que nous avions quand même une idée de ce que l'histoire dégageait, des sentiments qu'on y exprimait.

Dans ma jeunesse, j'ai aussi écouté régulièrement une émission diffusée par CKVL ayant pour titre *Les secrets de la vie*. Elle était composée de gens qui racontaient leur histoire, mais la voix profonde et grave de l'animateur, Henri Poulain, était exceptionnelle. Il concluait toujours son émission avec une phrase, toujours la même, qui me remplissait de bonheur : «Car chaque vie a son secret, et chaque secret, sa confidence...»

J'ai aussi beaucoup d'admiration pour Jean-Pierre Coallier, que j'ai commencé à entendre à la radio lorsque j'étais étudiant. Il faisait des chroniques, qu'il appelait *Les aventures du grand Jim dans la grande plaine*, dans lesquelles il campait un personnage complètement absurde. C'était comme du Ding et Dong avant l'heure. Ce qu'il a fait ensuite à CFGL, à CIEL, à Radio-Classique et ailleurs est formidable. J'ai aussi beaucoup aimé Michel Trahan, avec qui j'ai déjà travaillé, car il se révélait à travers les pièces musicales qu'il choisissait et dans la façon de les enchaîner. Il n'avait pas besoin de parler pour faire comprendre ce qu'il voulait dire. Plusieurs années plus tard, alors que je faisais des rénovations dans une maison de campagne, une station régionale a diffusé quelque chose et j'ai reconnu Michel, seulement à la façon dont les (bonnes) pièces musicales s'enchaînaient. Lors d'une occasion spéciale il y a longtemps, CIBL m'avait demandé de préparer une sorte d'hommage et j'avais invité Michel. Ce fut laborieux : il ne parle pas, il préfère s'exprimer à travers la musique.

À Radio-Canada, Guy Mauffette a aussi beaucoup marqué les esprits grâce à son *Cabaret du soir qui penche*. Guy était un poète, un beau fou. Il était très proche de Félix Leclerc et de tous ces gens-là. Je ne pourrais pas dire qu'il fut pour moi une inspiration – nos styles étaient beaucoup trop différents – mais chaque fois que je l'écoutais, j'étais toujours très impressionné. Et heureux. J'avais l'impression, moi aussi, d'être un peu poète...

On dit souvent que les animateurs de métier disparaissent maintenant au profit des vedettes mais ce phénomène n'est pas nouveau. Ce milieu est impitoyable, cela dit, surtout dans le secteur privé. Un animateur peut perdre son poste du jour au lendemain, au moindre soubresaut d'un mauvais sondage. À la radio publique, le jeu est aussi cruel mais la partie se joue de façon différente. Les artisans ne sont pas à l'abri de ce genre de chose, mais les patrons sont en général davantage mis en péril. Cela n'empêche pas des histoires tragiques d'avoir lieu à Radio-Canada. Le pauvre Pierre Chouinard s'est suicidé dans les toilettes du sous-sol quand il a appris qu'on le retirait de l'émission qu'il animait. Et qu'il aimait, et qu'il faisait très bien.

J'estime que nous avons une très bonne radio publique, remarquable même, et bien supérieure à la radio française. Ce qui me frappe quand j'écoute la radio publique en Europe, c'est de constater à quel point on en a une conception très rigide. La BBC a du contenu très solide, bien sûr. La radio française est aussi rigide dans la manière mais pas dans la matière. Bien sûr, notre radio publique n'est pas parfaite et il y a des choses qui, personnellement, m'agacent à Radio-Canada, mais dans l'ensemble, c'est excellent. Quand on se compare, on ne se console pas, on se réjouit.

J'écoute aussi Radio 2 du côté anglais, que je trouve plus variée qu'Ici Musique. D'ailleurs, à mon avis, ce fut une grave erreur de changer la vocation de la station musicale classique de Radio-Canada.

Quant à la radio privée, je ne l'écoute pas. À l'époque où j'animais *C'est bien meilleur le matin*, je l'ai fait à l'occasion, histoire d'entendre un peu la concurrence (Paul Arcand est excellent), mais plus maintenant. Je n'écoute jamais les radios poubelles non plus, sauf quand un des animateurs pète une coche et que l'extrait devient viral. La radio reste un instrument puissant qu'il faut utiliser avec précaution, de façon responsable. J'ose croire que ce genre d'émissions, qu'on retrouve beaucoup à Québec, ne prêche qu'aux convertis, mais le discours qu'on y entend a un effet d'entraînement dans les régions aussi.

J'ai toujours envie d'envoyer paître ceux qui remettent en cause, toujours pour de mauvaises raisons, l'existence même d'une radio publique. Elle joue un rôle essentiel dans une société comme la nôtre.

La mort de Lucien Bouchard

Nous étions cinq ou six, tôt le matin, dans le petit studio de *VSD*, l'émission de Marie-France Bazzo, complètement atterrés.

À la radio, on venait d'annoncer que Lucien Bouchard, déjà amputé d'une jambe à cause de la terrible bactérie mangeuse de chair, était à l'agonie. Ses médecins allaient tenter de le sauver en l'amputant d'un bras, peut-être des deux, disait la voix de l'Information de Radio-Canada.

Tout ça finirait par ressembler à ce qui, des décennies plus tard, s'appellerait la réalité alternative. La nouvelle était fausse, mais elle s'était glissée, à la faveur de la confusion provoquée par ces événements tragiques, entre les mailles du filet.

Ce dont je me souviens plus clairement encore, c'est une impression de catastrophe dont le visage de chacun témoignait. Quoi, l'énergie de cet homme remarquable, adulé par tant de Québécois, sa formidable force de persuasion, son intelligence aiguë allaient lui être ravies – et nous être ravies – aussi bêtement…?

La nature, la providence (la chance?) en ont décidé autrement. Mais nous allions, tous, témoins glacés et incrédules, nous souvenir à jamais de ce moment où le deuil appréhendé du premier ministre du Québec nous a unis dans une même révolte, un même chagrin, une même protestation viscérale.

Ce moment-là m'en a rappelé un autre, très dérangeant lui aussi, mais infiniment moins grave. David Fennario, dramaturge anglophone montréalais, auteur du très intéressant *Balconville*, un succès, présentait au Centaure une pièce que des événements politiques d'une récente actualité lui avaient inspirée. C'était une merde. À l'entracte, la moitié de la salle avait fui dans le plus grand désordre et la plus grande indignation. Robert Lévesque, alors critique au *Devoir*, avait hurlé quelques injures dont tous, plus retenus, partagions la virulence.

Cette chose racoleuse, informe, infâme, mensongère, s'appelait *La mort de René Lévesque*...

R. H.-R.

9/11

Personne qui l'a vécu n'oubliera ce jour-là. J'étais dans mon studio à la radio – le très détesté et très malodorant 24, où l'odeur des vieux cigares de vieux animateurs et les relents de cuisine de chefs invités ont très très longtemps sévi. Le matin du 11 septembre 2001, donc, vers la fin de *C'est bien meilleur le matin*, juste comme j'allais souhaiter une bonne journée aux auditeurs/trices, j'ai brièvement aperçu sur l'écran de la télé ce qui m'a semblé être un accident : un petit avion entrant en collision avec une des tours du World Trade Center. Une information fausse – l'avion n'était pas du tout petit – que j'ai communiquée avant de quitter l'antenne. Quelques minutes plus tard, le deuxième bolide explosait. *The rest is history*, comme disent les Chinois.

Or, ce jour-là, je devais obligatoirement aller visionner un film pour préparer un entretien avec le réalisateur le lendemain. En entrant au Cinéma du Parc, très secoué évidemment, j'ai raconté à l'attachée de presse ce qui venait de se passer. Elle m'a regardé comme si j'étais un fou – visiblement, elle n'avait pas écouté les nouvelles, ni la fausse ni les vraies – mais m'a tout de même laissé entrer dans la salle. Je ne saurai jamais si c'est parce que j'étais sous le choc, ou si le film était vraiment pourri, mais cette projection-là a été la plus longue de ma vie.

Quand je suis enfin sorti, j'ai découvert la ville dans un état de congestion gigantesque (je sais qu'aujourd'hui on vit ça tous les jours dans notre belle ville, mais ça n'était pas encore la réalité en 2001, sauf ce jour-là).

En écoutant les infos, j'ai appris l'ampleur de la catastrophe. Toutes les tours à bureaux du centre-ville avaient été évacuées, au cas où. Je me suis faufilé jusque chez moi où, comme tout le monde, je suis resté scotché devant la télé à regarder en direct les images infiniment glaçantes de cette tragédie américaine.

R. H.-R.

Chapitre 16

L'ATTRAIT DES PROJECTEURS

Même si une vocation d'animateur à la radio s'est révélée au cours des années quatre-vingt-dix, l'envie des projecteurs de télévision n'a jamais quitté René. Aussi a-t-il accepté d'emblée la proposition que lui a faite son amie Marie-Hélène Roy, productrice de *Flash*, une émission quotidienne d'actualité culturelle qui, pendant plusieurs années, a fait les beaux jours de la chaîne Télévision Quatre-Saisons. Dans le cadre de la chronique cinéma, qu'il a longtemps tenue à cette antenne sur une base hebdomadaire, il a un jour lancé l'une de ses formules assassines, sublime, à rendre jaloux tous ses collègues qui ont eu à s'exprimer sur le même titre. « Un film primaire, réalisé par un primate ! » a-t-il tranché à propos de *The Passion of the Christ*, l'œuvre sanglante – et primaire en effet – de Mel Gibson.

Il appréciait aussi les lieux de tournage choisis par la production, jamais les mêmes d'une semaine à l'autre. Restos branchés, bars, lobbys d'hôtels ont ainsi souvent servi de décor. Tout comme le hall du cinéma Quartier latin, rue Émery, là où trône majestueusement un immense projecteur d'autrefois.

Pendant qu'il animait toujours quotidiennement l'émission phare de la radio publique le matin, René s'est aussi laissé tenter par l'animation de la série *Viens voir les comédiens*. Diffusée sur ARTV, la chaîne culturelle de Radio-Canada, cette émission était une adaptation de *Inside the Actors Studio* (laquelle était elle-même inspirée du *Bouillon de culture* de Bernard Pivot). Dans cette émission américaine, qui a vu le jour en 1994, le présentateur James Lipton s'entretenait pendant une heure avec une actrice, un acteur, ou un réalisateur, devant un public composé d'étudiants en art dramatique, qui posent aussi des questions à l'invité(e).

René connaissait évidemment l'existence de celui qu'il appelle «Monsieur Soupe», «un être sinistre et téteux». Quand la direction de ARTV lui demande ce qu'il pense de l'émission américaine, il ne peut faire autrement que de répondre: «Mais, infiniment de mal!» Il n'apprécie pas du tout la façon de faire de monsieur Lipton, mais il se dit qu'on pouvait assurément tirer quelque chose d'intéressant de cette formule. Les débuts furent toutefois difficiles. Le Théâtre Rialto, où avait lieu l'enregistrement, est un endroit visuellement très riche mais aussi marqué par les années où il fut laissé à l'abandon. La salle de maquillage était installée dans des toilettes nauséabondes, les murs suintaient leur triste sort d'un gros vert foncé, baignant l'espace de travail d'une atmosphère glauque. En guise d'accessoires, un petit miroir et une lampe sur pied avec un abat-jour. «La maquilleuse était en tabarnak et moi aussi!» se rappelle René. Pour couronner le tout, on avait gratifié l'accueil d'une hôtesse «poupoune» qui s'agitait dans tous les sens. Ce qui, on s'en doute, tapait solidement sur le pompon de René.

Les conditions étaient tellement épouvantables que l'animateur a menacé les producteurs de partir dès la semaine suivante si elles n'étaient pas améliorées. André Larin, le président de la société de production Zone 3, s'est précipité au Rialto pour constater l'ampleur des dégâts. Quand l'équipe s'est installée la semaine suivante, les toilettes avaient été nettoyées, les murs repeints en blanc, l'éclairage refait, bref, l'endroit était désormais plus sain et accueillant. À partir du moment où ces choses-là se sont mises en place, tout a très bien fonctionné. Comme par enchantement, l'hôtesse «poupoune» était portée disparue. Elle se serait réincarnée aujourd'hui en Gaby Gravel que personne n'en serait surpris.

Le seul hic : la température. Le Rialto étant très mal chauffé, René affirme n'avoir jamais eu autant froid de sa vie. Il enfilait un cachemire sous sa chemise et s'arrangeait toujours pour arborer une écharpe. Il apportait aussi des pulls au théâtre au cas où des invités auraient du mal à survivre dans ce frigo. Il est même arrivé qu'un enregistrement soit interrompu afin de permettre à tout le monde de grelotter un bon coup! La porte près de la scène devant rester ouverte afin de permettre l'accès aux gros fils issus du camion mobile stationné derrière, le théâtre pouvait parfois être balayé d'un vent polaire. La salle était pratiquement en ruine mais à l'écran, les images étaient magnifiques. Et les entretiens, souvent fort intéressants.

À la fin de chaque émission, des questions étaient posées par des étudiants en cinéma, mais la production avait beaucoup de difficulté à les recruter. Au souvenir de René, leurs questions étaient marrantes, intéressantes, mais aussi, hélas, à pleurer parfois. Aussi estimait-il essentielle la bonne préparation de son entretien. Il pouvait facilement y consacrer deux ou trois jours de travail. L'émission étant très écrite, rien n'était laissé au hasard. Il fallait établir un plan d'entrevue très précis afin que les extraits de films et les scènes d'archives s'intègrent harmonieusement au propos.

Dans ce genre de formule, la spontanéité peut être de mise au gré de la conversation, mais la structure doit rester très rigoureuse. Deux émissions étaient de surcroît mises en boîte le même jour, chaque quinzaine. C'est dire que René devait s'extirper de l'univers de son invité du matin pour ensuite entrer dans l'univers complètement différent de son autre invité l'après-midi. Des garde-fous s'imposaient partout. D'où cette grande préparation.

Dix ans et quelque 130 invités plus tard, René a décidé de mettre un terme à *Viens voir les comédiens*. Tout simplement parce qu'il avait l'impression « d'avoir fait le tour du jardin ».

Faire l'acteur

Ça ne m'est jamais venu à l'idée. Parce que je suis timide, mais surtout parce que je n'ai aucun talent. Ce qui explique sans doute mon admiration éperdue pour celles et ceux qui exercent ce dangereux et fascinant métier.

À *Viens voir les comédiens*, qui a été diffusé par ARTV pendant une dizaine d'années, j'ai longuement interviewé plus d'une centaine d'actrices et d'acteurs. Qui avaient avec moi un point commun : la timidité. Pas celle qui paralyse, évidemment, mais plutôt celle qui rend difficiles les confidences. On pourrait croire que ces artistes-là, qu'on invite abondamment à la radio comme à la télé, sont tout de suite et tout le temps à l'aise devant un micro ou une caméra. C'est vrai lorsqu'on leur demande de parler de leur dernier rôle. Mais parler d'eux, de ce qu'ils sont, de ce qu'ils font, de ce qui les anime, c'est vraiment une autre paire de manches.

Malgré ça, j'ai tout de même participé à quelques séries télé et à deux films. L'un oublié, l'autre devenu culte.

Celui qu'on a oublié, et qui était éminemment oubliable, s'appelait *Tiens-toi bien après les oreilles à papa*, avec Dominique Michel et Yvon Deschamps. J'y faisais un journaliste qu'on apercevait deux fois. Mais, pour ces deux apparitions, il me fallait deux costumes, du genre que le directeur artistique s'imaginait que portaient les journalistes. Je me les suis donc procurés, et ils m'ont coûté nettement plus que mon tout petit cachet.

L'autre, devenu culte, c'est *Ding et Dong, le film.* Dans lequel je jouais carrément mon rôle d'intervieweur télé. Ce drôle d'objet, plus proche de l'UFO que du cinéma, a survécu grâce aux hallucinants et drolatiques dialogues de Claude Meunier. Qui ont permis à tous les participants (même moi) de tirer leur épingle du jeu.

Toujours dans le même rôle, j'ai participé au fil des ans à quelques séries télé, avec toujours beaucoup de plaisir, mais sans que jamais soit faite la preuve que j'avais du talent…

R. H.-R.

Nagano et moi

De tous les chefs qui ont dirigé l'OSM, c'est de loin Kent Nagano qui s'est le mieux intégré – à l'orchestre et à la ville. Il arrive que des musiciens soient hommes de peu de mots. Pas lui. Et lorsqu'il parle, sur un ton retenu qui force l'attention, c'est pour raconter des choses toujours intéressantes, souvent inattendues et souvent étonnantes. Sa rencontre, par exemple, avec Frank Zappa est, dans le genre, une pièce d'anthologie.

J'ai eu, au fil des ans, l'occasion de m'entretenir souvent avec le maestro. Et de ce contact chaleureux a jailli une idée qui m'a d'abord paru farfelue : commander à un compositeur (nommément Simon Leclerc) un Concerto pour animateur de radio et orchestre symphonique. Puisque, disait Kent, mon nouvel ami, mon métier d'animateur ressemblait à celui de chef d'orchestre. J'ai alors appris qu'il n'y avait rien de farfelu dans les propositions de Kent Nagano – du neuf, de l'étonnant, du provocant, mais pas de farfelu.

L'idée de base était de composer un dialogue entre l'orchestre et moi. Je poserais au maestro des questions auxquelles Kent Nagano répondrait par la voix de son orchestre. Et je serais accompagné sur scène par Catherine Perrin et Marc Laurendeau, chroniqueurs à *C'est bien meilleur le matin*, alors que le dialogue avec Véronique Mayrand (météo) et Yves Desautels (circulation) serait composé d'illustrations sonores.

233

Le jour du concert (il y a eu deux représentations), les musiciens nous ont accueillis avec une grande gentillesse.

Et j'ai survécu au choc de vivre un concert symphonique de l'intérieur, une expérience dont j'ai mis des jours à me remettre. Et que je n'oublierai sans doute jamais.

R. H.-R.

Chapitre 17

LA GRANDE FAUCHEUSE

Le 1er juillet 2012 restera un jour noir dans sa mémoire intime. Ce jour-là, le destin a fauché la vie du premier des trois êtres chers que René perdra en l'espace de quatre mois.

Quand il rentre chez lui le vendredi, René entrevoit Pierre qui discute avec un ami médecin, voisin à l'étage au-dessus. De loin, il l'entend lui dire : « Il faudrait quand même le faire, Pierre. » « Quoi ? » demande René. Qui apprend alors que Pierre refuse de se faire installer un défibrillateur, craignant de devoir retourner à l'hôpital. Il vient d'y passer deux mois, pour un quadruple pontage coronarien qui s'est mal passé. René ne voulant rien entendre de ces hésitations, il prend un rendez-vous sur-le-champ, que Pierre devra honorer quatre ou cinq jours plus tard. Le couple prend alors la route de la campagne pour les vacances d'été.

Ce même après-midi, Pierre se promène sur la rive du lac, l'endroit qu'il aime tant. Il est foudroyé par un violent infarctus. Des voisins viennent à sa rescousse sur le bord de la plage mais il n'y a déjà plus rien à faire. René estime qu'il s'agit d'une mort idéale pour une personne, même si elle laisse ses proches en état de choc.

Pierre fut transporté au Centre hospitalier universitaire de Sherbrooke. René a dû aller identifier le corps, et, surtout, lui faire ses adieux. Il s'étonne qu'on lui demande si monsieur Morin souhaitait donner une partie de ses organes – il s'agit d'un homme de quatre-vingts ans après tout – mais René signe l'autorisation pour le prélèvement de la cornée. Même dans sa vieillesse, Pierre était doté d'une acuité visuelle remarquable.

Une fois rentré, il reçoit un appel du centre hospitalier. On lui annonce qu'en raison de l'orientation sexuelle du défunt, il est impossible de prélever aucun organe.

« Sérieux ? Vous me dites ça maintenant, de cette façon-là, après me l'avoir vous-même demandé ? » René était dans tous ses états. Il connaissait la règle d'Héma Québec interdisant aux homosexuels actifs de donner leur sang – il n'en a pas donné depuis des années – mais il ignorait qu'elle s'appliquait aussi aux organes.

« Si je l'avais su, j'aurais tout simplement dit non. Et je n'aurais pas été blessé de cette façon. C'est à ce moment-là que j'ai commencé à voir un psychologue. »

Pierre s'occupait de toutes les affaires courantes (transactions bancaires, émission de chèques, paiement des factures, etc.), et René a découvert bien des choses inattendues. Entre eux, on ne parlait jamais de fric, même si Pierre savait tout de René sur ce plan. Ce n'est qu'après le décès qu'il a appris qu'au moment où il a pris sa retraite de Radio-Canada, Pierre avait fait réduire le montant de sa pension afin que la rente du survivant soit plus considérable. Cette clause n'était même pas inscrite dans le testament.

« C'est mon comptable qui me l'a annoncé ! » indique René. « Il m'a expliqué ce qu'était la rente du survivant – je n'en savais rien – et il m'a fait part du choix que Pierre avait fait. C'est tellement touchant. Ça m'a juste fait pleurer encore plus. »

En plus de composer avec l'absence, René a dû faire l'apprentissage du quotidien.

ÉLOGE FUNÈBRE

Dimanche le 1er juillet, Pierre est mort. D'un arrêt brutal du cœur, sur les bords du lac qu'il aimait. Il laisse dans un immense chagrin son conjoint René Homier-Roy, sa sœur Diane (Jacques Lareau), ses neveux Patrice Charest (Sylvie Chapdeleine) et Jonathan Lareau (Katherine Dion), sa belle-famille Maheu (Micheline et Jean-Pierre, leurs filles Anipier, Lysiane et leurs conjoints, Henri Brisebois et Marc Pelletier). Et tout plein de gens qui l'aimaient.

Pierre a été le plus jeune réalisateur embauché par la Société Radio-Canada à ses débuts. Il a signé une foule d'émissions de variétés (dont *Music Hall*, avec Michelle Tisseyre), et d'innombrables récitals (Brel, Bécaud, Aznavour, Michel Legrand). Sa passion pour la musique l'a ensuite entraîné vers l'opéra (il a réalisé un *Barbier de Séville*, en collaboration avec Paul Buissonneau, qui lui a mérité un Emmy Award, le tout premier qu'ait reçu Radio-Canada) ; il a également réalisé un grand nombre de concerts.

Mais ce sont ses remarquables collaborations avec quelques-uns des plus grands chorégraphes contemporains (George Balanchine, Maurice Béjart, Nacho Duato, Milko Sparemblek, Paul Taylor, entre autres) qui lui auront peut-être apporté le plus de bonheur.

Il a aussi souvent travaillé, de très près, avec le musicien et compositeur Neil Chotem, avec son ami le peintre décorateur Hugo Wuethrich, avec les compositeurs Gabriel Charpentier et François Dompierre. Dans un milieu où souvent l'ego dépasse en importance le talent, Pierre était d'une étonnante modestie, d'une honnêteté rare, d'une grande simplicité. C'était un homme bon.

La publication de cet avis de décès, rédigé par René lui-même, a suscité un certain émoi. Plusieurs médias ont pensé que René faisait alors publiquement son *coming out*. Dans toutes les interviews qu'il a accordées après le décès de Pierre – à *Deux hommes en or*, chez Pénélope McQuade, aux *Francs-tireurs* ou ailleurs –, René a dû expliquer qu'il n'avait jamais caché cet aspect de sa vie. «Deux vieux monsieurs qui habitent ensemble depuis des siècles ne sont évidemment pas des colocs!» s'amuse-t-il à dire. Cela dit, il n'a jamais ressenti l'obligation de révéler publiquement son orientation sexuelle non plus. «De toute façon, personne n'a jamais dû penser que j'étais un don juan coureur de jupons! Je n'ai jamais fait croire que j'avais une blonde de service non plus. Si je me présentais à une soirée de première avec une amie, c'est parce qu'elle était une amie!»

D'où sa surprise quand on s'est mis à s'intéresser à sa vie amoureuse. D'autant qu'il se souvient très bien des circonstances qui l'ont poussé à écrire cette note nécrologique. En larmes, il a laissé parler son cœur, tout simplement. Il a aussi rédigé lui-même cet avis de décès en réaction aux formules creuses et toutes faites. Sur Google, la première chose qui, pendant un moment, s'affichait quand on tapait son nom dans le moteur de recherche est «conjoint», suivie précipitamment par *coming out*.

Contrairement à bien des homosexuels de sa génération, souvent victimes d'intolérance et de discrimination, René n'a jamais vécu douloureusement son orientation sexuelle. Il reconnaît son privilège.

Sur le cours de cinq décennies, dit-il, la vie impose parfois de «petits coups de canif dans le contrat conjugal», mais quand la maladie a commencé à atteindre Pierre, René s'est dit, pour la première fois, ce qui relevait déjà de l'évidence : il allait finir ses jours avec cet homme, jusqu'à ce que la mort les sépare. Pierre était la stabilité incarnée. Et René estimait lui être redevable de tout. « Quand je suis allé l'identifier à l'hôpital, la seule pensée qui m'est venue à l'esprit a été de le remercier, rappelle René. Il m'a ouvert le monde, il m'a aidé quand j'étais dans la merde, j'ai toujours pu m'appuyer sur lui. Or, c'est seulement aux deux extrémités de l'existence que l'on peut vraiment se rendre compte de ces choses-là. D'une certaine façon, je suis content d'avoir pu ressentir cette envie de gratitude avant qu'il meure. On se connaissait tellement qu'il le savait, il le ressentait. J'en suis convaincu. »

Même s'il s'assumait complètement, René n'a jamais eu la fibre militante. Il n'était pas question pour lui de revendiquer publiquement quoi que ce soit, ni d'aller parader dans le défilé de la fierté gaie. Il y a plusieurs années, lors d'une interview publiée dans un magazine, un journaliste a beaucoup insisté afin que René fasse publiquement sa sortie du placard. Il avançait l'argument selon lequel il était important de le faire afin d'aider les plus jeunes générations. René a dit non. Sa vie – et la façon dont il la menait – ne regardait que lui. « Tout est ouvert, précise-t-il. On peut facilement le deviner, mais je n'irai pas grimper dans un arbre pour crier : je suis gai ! Voyons donc ! Je ne suis même pas certain que ça ait une utilité. »

Pourtant, un jour, alors qu'il se rendait chez son psy, un témoignage lui a presque fait croire le contraire. Sur la rue, une petite camionnette accroche sa voiture. Les véhicules s'immobilisent et les deux conducteurs sortent pour constater les dégâts et remplir le formulaire du constat amiable. René voit descendre de la camionnette un joli garçon. Il sentait à la fois la bière et le savon, de sorte qu'on pouvait reconstruire un peu le fil des événements des heures précédentes. Dans le scénario qu'imagine René, ce garçon revenait sans doute d'une baise, il avait peut-être bu un petit peu, pris sa douche et était reparti.

Il s'adresse à René en disant :

— Vous ne pouvez pas savoir à quel point ça m'a aidé quand vous avez annoncé ça.

— Ah bon ? Vous aviez besoin de ça ?

— Non, je n'en avais pas besoin. Mais j'ai décidé de me l'avouer. J'ai déjà deux enfants et ça a été extrêmement difficile. De savoir que vous aviez ce courage-là, que c'était ça votre vie, vous ne pouvez pas savoir à quel point ça m'a aidé.

Peut-être était-ce vrai.

Au cours des années soixante et soixante-dix, alors que les autorités répondaient au militantisme gai à coups de matraques et de descentes violentes dans les bars, René jetait un regard intéressé sur toutes ces manifestations, mais il ne se sentait pas directement concerné. Les drames que les autres vivaient le touchaient, bien sûr, mais ils ne l'atteignaient pas personnellement. «Je vivais dans un monde *straight* dans lequel je me sentais bien. J'avais ma vie, mes amis, certains plus gais que d'autres, mais pas que. Je ne dois pas avoir la fibre très militante. Je n'ai jamais eu envie de participer à ça. »

Pierre et René n'auront été victimes que d'un seul épisode homophobe pendant toute la durée de leur vie commune. Dans les années soixante-dix, le couple a habité pendant six ans dans un building tout neuf du quartier Côte-des-Neiges, en compagnie de leurs deux chiens. La vie se déroulait dans l'harmonie et aucun des animaux ne perturbait la tranquillité des résidents. Le gérant de l'immeuble a cependant reçu des plaintes parce que, supposément, les chiens jappaient en l'absence des deux hommes. Le voisin immédiat a même fait ses doléances trois fois. Un jour, René quitte l'appartement mais revient quelques minutes plus tard afin de récupérer un truc qu'il a oublié. En s'approchant, il entend déjà les chiens, tout à coup déchaînés. En ouvrant la porte, il aperçoit le voisin, installé là depuis à peine trois mois, en train de les exciter afin qu'ils aboient. Ce type ne tolérait pas l'idée qu'un couple gai puisse vivre tout juste à côté de lui, et le «crétin» de gérant est tombé dans son piège. Pierre et René ont préféré partir.

Quand il a su que son fils était homosexuel, Émilien, le père, pur produit de son temps, a réagi par le silence. Rolande, la mère, s'en est rendu compte par la bande et lui a dit une seule chose, en chuchotant: «René, ta vie, tu la mènes comme tu veux, mais avec discrétion.» Il n'y a jamais eu d'autres conversations familiales à ce propos ensuite. Pierre a tout de suite été accepté comme un membre de la famille.

Le drame a frappé de nouveau – et deux fois plutôt qu'une – au sein de l'unité familiale que formaient avec René le conjoint Pierre et les deux amis les plus proches, Marie-Hélène Roy et Jean-Louis Robillard. En moins de quatre mois, il ne restait désormais plus qu'un seul survivant de la bande des quatre, qui, pendant si longtemps, avait été la base d'une stabilité affective jamais remise en cause.

Le 20 novembre 2012, Marie-Hélène est décédée d'une longue maladie, principalement due à un alcoolisme non soigné. René dit de sa grande complice qu'elle était «un cas». Quand ils se sont connus, à l'époque du magazine *Nous*, Marie-Hélène était déjà partout, entourée d'un grand cercle d'amis. Elle connaissait tous les endroits branchés et possédait un carnet d'adresses à faire pâlir d'envie les relationnistes les mieux informés de la ville. Les atomes crochus entre Marie-Hélène et René furent tout de suite apparents. Ils ne se sont plus quittés.

«Marie-Hélène m'a aimé inconditionnellement, raconte-t-il. Elle était d'une générosité extrême et sa fin de vie n'aurait pu être plus triste. Elle a toujours souffert d'alcoolisme – c'est une maladie terrifiante – et cela s'est aggravé avec les années. J'ai quand même cru qu'elle allait mieux peu de temps avant sa mort, car elle avait été sevrée d'alcool au moment où elle a subi une opération à l'œsophage, dont elle s'est très bien remise. Mais elle a rechuté. Quand elle venait chez moi, je cachais tout. J'ai retrouvé des années plus tard des bouteilles de vodka que j'avais oubliées!»

Un jour, en la raccompagnant à Montréal après un séjour à la campagne, René n'a pu faire autrement que de constater l'état de son amie. Dans la voiture, il a tenté de la convaincre de consulter en lui exprimant son amour, ainsi que la crainte de la voir mourir. Elle lui a répondu par écrit qu'elle le considérait comme un frère. Et comptait maintenant prendre les moyens pour se soigner. Il était trop tard. Moins de quatre mois après le décès de son conjoint, René a perdu l'une de ses amies les plus précieuses.

Dévasté par le chagrin de nouveau, il a souvent eu le réflexe, même des mois après sa mort, de prendre le téléphone pour appeler Marie-Hélène. On met toujours du temps à retirer de ses «contacts» le numéro d'une personne décédée qui nous fut si chère. René a d'ailleurs revécu complètement le deuil qu'il a dû faire de son amie le jour où il a entrepris un grand ménage dans sa propre garde-robe. Les trois quarts des vêtements qui s'y trouvaient avaient été achetés en compagnie de Marie-Hélène.

Le 27 novembre 2012, à peine une semaine après le départ de l'indispensable Marie-Hélène, Jean-Louis Robillard meurt à son tour. Encore une fois, le coup est très dur. René venait de perdre sa «moitié d'orange», l'être présent dans sa vie depuis plus longtemps encore que son conjoint. Et avec qui il a fait les quatre cents coups, ce Jean-Louis qui, au grand dam de Pierre parfois, savait accompagner son grand ami dans un monde moins *straight*, plus délinquant. À New York, Jean-Louis a entraîné son compagnon de voyage dans des bars malfamés où Pierre n'aurait jamais accepté de mettre les pieds. La sexualité débridée que pratiquait Jean-Louis lui a parfois fait du tort dans son parcours professionnel, mais René ne lui a jamais fait de reproches. Dire qu'il s'est retenu à quatre mains pour le mettre en garde des problèmes qui, forcément, allaient survenir, relève toutefois de l'euphémisme.

René et Jean-Louis ne se sont jamais perdus de vue.

Quand la maladie a frappé, René s'est beaucoup occupé de son ami. Toutes les semaines, il l'emmenait dans de bons restaurants, qu'il choisissait soigneusement selon l'accessibilité pour les personnes en perte de mobilité. Il savait que pour Jean-Louis, qui avait tant aimé la fête, les mondanités, le monde, la nuit, il était vital de sortir, de voir des gens, d'être dans la vie. Le jour où il a dû être admis à l'Institut de gérontologie, il ne fut plus possible d'organiser ce genre d'activités, mais René a tenu à rendre visite à Jean-Louis tout aussi régulièrement. «Il était tout à fait normal que je m'occupe d'un ami que j'ai profondément aimé pendant plus de cinquante ans, explique René. Et que j'aime encore.»

Au fil de sa vie, René a eu l'occasion de tisser des liens avec beaucoup de personnes, mais il compte néanmoins ses grandes amitiés sur les doigts d'une main. Les amitiés féminines ont souvent été définies par les relations amoureuses que vivaient ses amies, plus enclines à épouser aussi le cercle relationnel du nouveau conjoint. C'est du moins la perception qu'il en garde.

Chantal Renaud, par exemple, fut longtemps une amie très proche. René a vécu avec elle des « choses hallucinantes », souvent très liées à Paris, la ville où elle a habité pendant plusieurs années. « Je me souviens des expositions que nous avons vues, au Petit Palais par exemple, des œuvres en trompe-l'œil remarquables, raconte-t-il. Je sautais comme si j'étais sur un *pogo stick* tellement je trouvais ça beau ! Avec Chantal, je vivais des choses de cette nature constamment. C'était un peu épuisant mais tellement le *fun*. Je suis retourné seul à Paris mais pour moi, ce n'est plus pareil. Je n'ai plus envie de vivre cette ville sans elle. Je n'y ai pas remis les pieds depuis plusieurs années. »

La vie de son amie a complètement changé le jour où elle est devenue la conjointe de Bernard Landry. Ce qui, reconnaît René, est dans l'ordre des choses, car elle n'est plus la même personne – et René non plus. À ses yeux, une amitié résiste – ou pas – à l'épreuve du temps. Celles qui s'étiolent naturellement n'en restent pas moins précieuses car elles ont marqué une étape signifiante dans l'existence de l'un et de l'autre. « Une amitié peut se terminer sans qu'on sache trop pourquoi, dit-il. Elle meurt parce qu'elle avait à mourir. »

Il se demande d'ailleurs comment il est parvenu à survivre à trois grands deuils successifs sans être trop abîmé. Il n'est même pas certain de s'en être réchappé. Il affirme devoir sa survie au psychologue qu'il fréquente régulièrement depuis la mort de Pierre. « Il y a des patients qui ne font que brailler et je l'ai beaucoup fait au début, raconte René. Aujourd'hui, mon psy me trouve plutôt distrayant car je lui raconte toutes sortes d'affaires, et il m'écoute. C'est génial. Je le recommande à tout le monde ! »

René dit devoir aussi son équilibre à Daniel, son nouveau conjoint, un homme d'une extrême discrétion, plus jeune, qui gravite autour de « l'unité familiale » depuis longtemps. Cet homme bon, simple, solide, toujours dans le concret des choses, et dont tout le monde tombe amoureux, est le chaînon qui, d'une certaine façon, relie René à ses fantômes.

Vous ou tu ?

On me le reproche encore parfois : je vouvoie les gens. Tous les gens, à part quelques amis intimes. Et depuis toujours.

Enfant, je vouvoyais mes parents, mes oncles, mes tantes, mes profs (il paraît qu'aujourd'hui on dit voussoyer, une expression inventée sans doute par les ennemis... du vouvoiement). Et ça continue encore aujourd'hui : je vouvoie les gens avec lesquels je travaille et, au fil des ans, malgré les efforts louables de certaines collaboratrices, je ne cède pas.

On prétendait autrefois qu'il était plus difficile de dire à quelqu'un « allez donc chier » que « va donc chier ». C'est faux, j'en ai fait l'expérience.

Cette attitude, cette habitude, que certains considèrent comme un tic de langage, me définit, je crois. Hélas, plus le temps passe, plus les références à cette façon de communiquer avec les autres s'éloignent. Et plus je me sens seul de ma gang.

Il y a très longtemps, pour m'aider à payer mes études, j'ai fait de la suppléance dans des écoles secondaires. Cette expérience m'a convaincu que je n'avais aucun don pour cette admirable vocation qu'est l'enseignement. J'y ai aussi découvert le « tu » collectif, qui m'a effaré.

Un jour, avant mon cours, si on peut appeler ainsi ma présence en tant que surveillant de maternelle, un élève m'a demandé la permission de parler à ses camarades. Permission accordée, bien sûr. L'orateur s'est alors mis à s'adresser à une classe d'une trentaine d'élèves en leur parlant comme s'ils ne faisaient qu'un. Le «tu» n'avait plus de pluriel, le «toi» non plus, le «vous» était mort, assassiné.

C'est devenu courant, je le sais, mais à cette époque je n'avais jamais entendu ça. D'où, peut-être, mon retranchement dans le vouvoiement...

R. H.-R.

Chapitre 18

NON-INGÉRENCE MAIS NON-INDIFFÉRENCE

À titre d'animateur, René n'a jamais pu faire état de ses convictions politiques publiquement. Sa fibre militante a peu vibré de toute façon, peu importe la cause. S'il n'a jamais été lui-même au cœur de la joute politique, plusieurs personnalités gravitant autour de lui ont cependant fait de la souveraineté du Québec le combat de leur vie. La carrière entière de Pierre Bourgault l'a fasciné. Quand, quelques mois avant la tenue du référendum de 1995, son ami a dû démissionner de son poste de conseiller spécial de Jacques Parizeau à cause d'un commentaire ayant fait frémir les troupes péquistes, René en a été choqué. Bourgault avait dû quitter le giron péquiste parce qu'il avait osé mettre en garde la population contre le danger d'une victoire du «Non», en dépit d'un vote largement majoritaire pour le «Oui» de la part des Québécois francophones.

Le soir de la défaite, le fameux discours du premier ministre Parizeau, dans lequel il a évoqué «l'argent et le vote ethnique», a conféré à toute cette histoire une saveur pour le moins ironique. «Bourgault pouvait parfois manquer de jugement, mais jamais de vision», estime René. Il savait vers quoi on aurait peut-être dû aller.

« Quand il s'est fait avoir par Parizeau, j'ai été terriblement blessé. J'aimais vraiment beaucoup Jacques Parizeau, mais pas cette fois-là. »

À l'époque du *Nous*, Pierre Bourgault a écrit des choses très « costaudes » sur le plan politique. Claude Ryan, alors chef du Parti libéral à Québec, avait déterré l'un de ses articles en le sortant de son contexte pour faire valoir un argument complètement opposé à ce que le chroniqueur avait écrit. René a téléphoné à l'ancien directeur du *Devoir* pour lui dire comment il était « dégoûté qu'un supposément grand journaliste comme lui puisse faire un détournement de sens aussi grossier ». Or, Claude Ryan ricanait au bout du fil. Comme pour bien souligner que sur le plan politique, le *Nous*, allons donc, ne faisait pas très sérieux. Peut-être pas très sérieux, mais intellectuellement honnête.

Quand, le soir du premier référendum, celui de 1980, Pierre Bourgault a déclaré à la télévision : « Claude Ryan est le politicien le plus sale que je connaisse », René ne lui a pas donné tout à fait tort. À son avis, très représentatif de son temps, Claude Ryan incarnait à lui seul la Grande Noirceur. Il était hypocrite comme certains curés, pas du tout humain, pas empathique pour rien ni personne.

Le 20 mai 1980, jour de référendum sur l'avenir politique du Québec, René devait rentrer de Toronto à temps pour voter. À cause d'un pépin de réservation pour le vol du retour, les bureaux de scrutin étaient déjà fermés quand l'avion s'est finalement posé à l'aéroport de Dorval. Il ne s'est pas senti personnellement responsable de la défaite (le « Non » a recueilli 59,56 % des voix ; le « Oui » 40,44 %), mais il aurait quand même voulu ajouter sa voix.

Son bon ami Yvan Dufresne avait organisé chez lui une fête pour recréer l'ambiance euphorique de l'élection de 1976, celle qui avait porté René Lévesque au pouvoir. Ce fut plutôt le party de la grande déprime. Un peu plus de quinze ans plus tard, le 30 octobre 1995, René aura enfin l'occasion de s'exprimer sur la souveraineté du Québec lors d'un second référendum. Ce soir-là, des raisons professionnelles l'amènent justement dans la capitale nationale. Il a suivi le déroulement de cette soirée crève-cœur, où le « Non » l'a emporté de justesse (à hauteur de 50,58 % alors que le « Oui » a récolté 49,42 % des suffrages), dans sa suite du Château Frontenac. L'espoir qu'avait fait naître l'arrivée au pouvoir du Parti québécois en 1976 semblait maintenant anéanti. « Le début d'un temps nouveau », que chantait si bien Renée Claude grâce à la chanson de Stéphane Venne, empruntait désormais l'allure d'une utopie.

Aujourd'hui, René n'est plus aussi certain que la souveraineté du Québec pourra un jour devenir réalité. En revanche, il ne remet pas en question sa pertinence. Même si ce mouvement, tel qu'il a existé et tel qu'il existe encore, est probablement en fin de course, du moins dans la façon dont le Parti québécois l'incarne, la conviction d'une autre manière, d'un autre arrangement, d'une autre forme reste, elle, bien intacte.

L'arrivée de Jean-François Lisée à la tête du Parti québécois, et celle de Gabriel Nadeau-Dubois chez Québec solidaire, suscite chez lui à la fois intérêt et inquiétude. Les idées que défend l'ancien leader du mouvement des Carrés rouges – un homme exceptionnellement brillant – lui semblent un peu extrémistes. Et peu enclines à la souplesse. Face à lui, un fin stratège, tout aussi brillant et habile. Autrement dit, le mouvement souverainiste est désormais incarné par deux hommes aux visions très cérébrales. Or, il n'est pas dit que la progression de l'idée d'un pays «passe par la tête», étant donné sa nature profondément émotive.

Pour ceux qui ont porté le flambeau indépendantiste depuis cinquante ans, du moins certains d'entre eux, Gabriel Nadeau-Dubois peut être vu comme le fils ayant à tuer le père afin de poursuivre le combat, et le faire progresser. Pour les autres, qui ne peuvent supporter l'idée qu'un jeune blanc-bec – arrogant à leurs yeux – vienne torpiller le vaisseau amiral, il ne fait que nuire à la cause.

Pour la première génération d'indépendantistes, le Parti québécois a tellement incarné leur idéal qu'il est difficilement envisageable de le voir mourir, malgré la désaffection évidente de la population au cours des dernières années. Mais cette foi correspond-elle encore à la réalité? Selon René, l'idée doit assurément être réinventée. Comme toujours, ce sont d'abord et avant tout les circonstances qui assureront sa pérennité. Ou pas. Peut-être surviendra-t-il un jour un événement qui, comme au cours des années ayant mené au référendum de 1995, qui s'est fait sur les braises de l'accord du lac Meech, attisera la colère du peuple? Il estime par ailleurs essentielle la rivalité Lisée – Nadeau-Dubois pour la survie même de l'idée de la souveraineté du Québec.

«Cela va l'aider. Ou la tuer.»

À PROPOS
DE POLITIQUE
CULTURELLE

IL FAUT ÊTRE NAÏF – ET BÊTE – pour croire que le gouvernement du Québec ne devrait pas réclamer tous les pouvoirs en matière de culture. C'est l'évidence même. Nous disposons déjà d'organismes formidables (le Conseil des arts, la Sodec, etc.), mais je crois que nous en sommes maintenant à l'étape où les budgets alloués à la culture devraient être majorés de façon substantielle.

Depuis toujours, nous avons résisté au rouleau compresseur américain mais dans le contexte actuel, il faudrait plus d'argent, infiniment plus même, pour simplement garder nos acquis. J'ai du mal à comprendre pourquoi les politiciens ne parviennent jamais à trouver la bonne manière pour convaincre la population. Si j'étais ministre de la Culture, j'embaucherais une firme spécialisée en marketing et j'enfermerais à clé les idéateurs pendant une bonne semaine, ou jusqu'à ce qu'ils trouvent une façon qui permettrait aux gens de comprendre les enjeux, et la direction dans laquelle il faudrait s'engager pour l'épanouissement de notre culture.

Nous avons eu quelques bons ministres au Québec : Louise Beaudoin, Marie Malavoy, Liza Frulla. L'ennui, c'est qu'ils proposent tous la même vision depuis trente ans, quel que soit le parti auquel ils sont liés. Aucun ministre de la Culture n'a véritablement imposé une véritable volonté de défendre la culture, du moins, pas comme l'ont fait en France des gens comme André Malraux ou Jack Lang. Il faudrait que le premier ministre ait le courage de nommer quelqu'un à la Culture qui pourrait lui faire un peu d'ombre, un peu comme le fait Gaétan Barrette à la Santé. Et puisque ce sont des médecins qui dirigent le ministère de la Santé, pourquoi pas un artiste spectaculaire pour diriger le ministère de la Culture? S'il était moins âgé, Armand Vaillancourt aurait sans doute pu occuper la fonction, quitte à lui donner un mandat d'un an. Il aurait vraiment su comment brasser la cage.

On entend souvent dire que la survie de la culture québécoise passe par la langue française, et je suis d'accord avec ça, quoique j'apporterais quand même des nuances. Mordecai Richler, quoi qu'on en dise, était un immense écrivain québécois. Des gens de cette stature nourrissent complètement notre culture. En même temps, cette culture peut difficilement exister sans l'apport de sa langue officielle. Toute la chicane autour de l'utilisation d'expressions anglaises m'apparaît plutôt futile parce que le phénomène reste marginal, même si on vit dans une société enclavée dans un océan d'anglophones. On ne peut pas nier cette réalité-là, et notre langue est aussi faite de ces expressions anglaises qui, parfois, cernent mieux l'idée qu'on veut exprimer. Le purisme niaiseux fait fuir les gens.

Autant la langue française est essentielle, autant le Québécois ne survivra que s'il apprend à vivre dans un environnement d'anglophones. C'est la raison pour laquelle je suis allé étudier en anglais à l'Université McGill. Il faut apprivoiser la bête tout en protégeant les acquis. Protéger les acquis ne veut pas dire choisir un mot plutôt que tel autre imprononçable, mais protéger l'utilisation de cette langue au quotidien. Utiliser un mot anglais dans une structure parfaitement française constitue un clin d'œil, certainement pas une faute. Il est toutefois indéniable que la protection de la langue française est essentielle pour la survie de la culture québécoise. Heureusement, nous en sommes bien conscients, contrairement aux Français, qui ne se rendent compte de rien.

J'ai l'impression que la génération des amateurs de films de superhéros est perdue et qu'on ne la ramènera jamais. Ce qui m'importe, maintenant, est de garder les Denis Villeneuve de ce monde, dont les œuvres peuvent attirer autant les « mangeux de popcorn » que les autres. Comme Jean-Marc Vallée et Xavier Dolan, Denis est devenu un cinéaste mondial, qui a cette capacité d'échapper à l'attraction terrestre tout en gardant ses racines québécoises. Ces artistes transportent ailleurs la sensibilité, l'imaginaire du Québec, et deviennent un peu nos ambassadeurs. Denis Villeneuve, qui possède un talent unique, rare, ne reviendra probablement jamais faire de films au Québec, mais je n'y vois pas une perte, au contraire. Collectivement, je préfère qu'il soit là où il est, et qu'on fasse là-bas référence à son lieu d'origine et à sa culture.

Quant à Netflix, j'y vois simplement un outil de plus. Quand le cinéma est arrivé, on a annoncé la mort du théâtre. Quand la télévision est arrivée, on a annoncé la mort de la radio. Quand les vidéoclubs sont arrivés, on a annoncé la mort du cinéma. Rien de tout cela n'est encore survenu. On ne peut pas se battre contre le progrès. Netflix ne produit pas que des choses formidables, mais il s'adonne qu'on y trouve de grandes séries originales et aussi du vrai cinéma. Doit-on se priver de cette source de créativité ? Il faudra toutefois trouver un moyen pour que tous les fournisseurs de contenu jouent selon les mêmes règles, ce qui – suivez mon regard – n'est pas le cas en ce moment.

Trois chiens et demi

Depuis tout petit, j'ai toujours eu des chiens. Des bâtards intelligents comme des singes, affectueux, dociles. La dernière de cette série, je l'ai laissée chez mes parents lorsque j'ai quitté la maison. Elle ne l'a pas pris.

Gamine s'est alors mise à faire des fugues, et puis un jour, elle a carrément disparu. Ma mère et ma sœur ont longtemps patrouillé les rues de notre quartier, en vain. Et puis un jour, des semaines plus tard, elles ont cru reconnaître la petite bête, qui se cachait sous une voiture. C'était elle, sale, équipée d'une énorme bosse dans l'abdomen. Elles ont dû ruser pour la ramener à la maison.

Quand j'y suis arrivé, sa joie était, littéralement, proche de l'hystérie. On l'a fait opérer (c'était une tumeur), et je l'ai ramenée chez moi, où elle a coulé jusqu'à sa mort des jours heureux.

Des années après, la dalmatienne de mes amis Lucie et Jean-Louis Robillard a eu des chiots. Dont une tachetée de brun, qui m'a séduit. *The rest is history*, car Canada était aussi belle qu'elle était bête. Pour ne rien arranger, elle a dévoré, un soir où Pierre et moi étions sortis, un gros cube de haschich oublié sur la table. Elle a survécu, mais son QI n'en a pas été amélioré. Elle est morte de vieillesse, toujours aussi bête, encore aussi belle.

Et puis Gaston est entré dans notre vie. Échaudé par l'expérience Canada – je l'avais appelée comme ça parce qu'on m'avait dit que la répétition des voyelles aidait un chien à s'identifier à son nom; il fallait d'ailleurs voir la tête de mes concitoyennes aux cheveux bleus lorsque je hurlais «Canada!» dans le parc de Westmount –, j'ai décidé d'être prudent.

Danielle, une amie dresseuse, nous avait fait passer un test pour déterminer quelle race de chiens nous conviendrait. Notre choix: un grand caniche. Noir. Que nous sommes allés chercher quelque part en Ontario.

Et qu'il a bien fallu dresser. Cet été-là, je l'ai passé tout seul avec Gaston, à la campagne. Lui dans sa cage, d'abord, puis dans la maison, puis sur le terrain, puis dans les environs. Danielle, après m'avoir moi-même dressé à bien élever mon chien, m'avait prévenu: Gaston aurait l'air un peu nono jusqu'à six mois, lorsqu'il s'éveillerait vraiment. C'est exactement ce qui s'est passé. C'était une bête remarquable, la coqueluche du parc – et le grand amour de Pierre.

Gringo, un chihuahua de Chihuahua, est entré dans ma vie par le biais d'une règle absolue: *love me, love my dog.* Je me suis lentement habitué à lui – il fait une véritable fixation sur mon conjoint Daniel –, mais il a petit à petit cessé de gronder lorsque je m'approche d'eux. On le dit, et c'est vrai: on s'attache à ces petites bêtes là.

Gringo a toutefois un avantage: si on le laisse dans la voiture et que quelqu'un s'en approche, pas besoin de mettre le signal d'alarme…

R. H.-R.

Chapitre 19

UN AUTRE RYTHME

L'aventure *C'est bien meilleur le matin* a pris fin un an après la perte de son conjoint et six mois après la mort de ses deux meilleurs amis. René a dû se construire une nouvelle vie, de laquelle fait toujours partie, bien sûr, un aspect professionnel. Il accepte parfois les invitations dans différents médias, mais il garde surtout un lien très fort avec le milieu culturel, grâce, entre autres, à *Culture club*, l'émission radiophonique hebdomadaire qu'il anime à Ici Radio-Canada Première. Il compte d'ailleurs reconduire ce magazine tant que sa santé, sa vivacité et sa curiosité lui resteront. D'autant que ce nouveau rythme de travail, beaucoup plus léger, lui permet de profiter de la vie, tout en restant au cœur d'une actualité qui le passionne toujours autant.

Le travail requis pour *Culture club* consiste à lire des bouquins, préparer les entrevues, voir des films. On ne croise plus René aux projections de presse car les primeurs sortant le vendredi, et son émission étant diffusée le dimanche, il préfère aller les voir en salle. Son choix se porte désormais principalement sur des productions plus intimistes, destinées à un public adulte. « À une époque, je trouvais amusant d'aller voir les *Indiana Jones* et tout ça – que je défendais d'ailleurs –, mais je ne suis plus capable d'aller voir ces affaires-là, précise-t-il. Le dernier film du genre que j'ai vu en salle a été *Mad Max – Fury Road*, que j'ai trouvé absolument étonnant et bien fait. Mais quand je suis sorti de là, je ne m'entendais plus penser! Les gros complexes multisalles sont vraiment insupportables.»

Il occupe aussi son temps à préparer de longues entrevues pour la série radiophonique *Viens voir les musiciens*, qu'il adore animer, et pour *Les grands entretiens*. L'impression d'avoir réalisé une bonne entrevue – ou pas – correspond rarement à la réalité, dit-il. Très souvent, il lui est arrivé de sortir d'un entretien avec le sentiment d'avoir échappé – ou oublié – quelque chose. Tout cela est affaire d'impressions, car l'art du montage peut en décider autrement. À titre d'exemple, René évoque une interview avec le grand pianiste québécois Marc-André Hamelin. Ce dernier parle parfaitement bien la langue de Molière mais comme il vit aux États-Unis depuis très longtemps, il l'utilise rarement. Étant un grand perfectionniste, le musicien cherchait toujours le mot juste, ce qui ralentissait son débit, et provoquait des creux de vague. René a pu le suivre dans son rythme, sachant très bien que toutes ces petites scories pouvaient être corrigées au montage. À l'arrivée, le résultat fut probant. Quand la curiosité, l'intérêt et le plaisir sont de la partie, une entrevue ne peut qu'en être enrichie.

Même s'il n'a jamais eu avec son public le même genre de lien qu'une rock star – personne ne lui a jamais arraché son «linge de sur le dos» –, il estime avoir toujours gardé un rapport très sain avec la notoriété. René comptait d'ailleurs plusieurs années d'expérience professionnelle derrière lui quand elle lui est «tombée dessus», au moment où il a commencé à faire de la télévision. D'où cette saine gestion. Même s'il a parfois eu la dent dure à l'époque où il était surtout connu à titre de critique, il n'a pas le souvenir d'un rapport tendu ou d'une conversation désagréable, car les gens ont toujours été très cordiaux avec lui. Encore aujourd'hui, des passants l'arrêtent dans la rue pour lui dire que leurs petits matins, quand ils se lèvent «aux aurores», ne sont plus tout à fait les mêmes sans lui. Voilà qui est excellent pour l'ego.

À soixante-dix-sept ans, René est plus à même de constater le phénomène de l'âgisme dans la société. Ou à tout le moins, la perception qu'il peut engendrer, à tort ou à raison. Peu de temps après avoir laissé son émission matinale, il se rappelle avoir été troublé par une tirade lancée à la volée par quelqu'un dans le stationnement de Radio-Canada : «Ah ces vieux-là! Ça dit que ça s'en va pis ça colle!» René s'est retourné pour essayer de croiser le regard de l'auteur de cette déclaration blessante mais comme il y avait beaucoup de monde, il n'est pas parvenu à l'identifier. «Là, ça s'est bousculé dans ma tête, raconte-t-il. Suis-je paranoïaque? Parlait-on de quelqu'un d'autre? Voulait-on simplement faire une blague? Je ne le sais pas. J'en suis sorti troublé. Une personne – peut-être était-ce un imbécile – mais une personne qui te perçoit de cette façon, rendu à un certain âge, tu te dis qu'il y a peut-être du vrai là-dedans. C'est comme si on voulait te donner l'impression que tu usurpes la place de quelqu'un d'autre, ce qui est complètement faux. On se doute bien que toutes sortes d'affaires du genre circulent, mais il n'y a habituellement personne qui te les lance directement au visage. De les entendre, ça fait mal. Heureusement, je voyais déjà mon psy et il m'a sorti de ce mal-être-là en deux coups de cuillère à pot!»

À ses yeux, l'âgisme est un courant social très réel. Il s'inquiète aussi du fait que la société se durcit progressivement. Et se révèle beaucoup plus fermée qu'on pourrait le croire. Le triste épisode ayant mené au congédiement de Lise Payette du journal *Le Devoir* s'en fait l'écho.

«J'ai vu dans cette histoire une guerre intérieure et générationnelle avec la nouvelle direction. Comme Lise avait été beaucoup critiquée – à tort à mon avis – à cause d'une chronique maladroite sur Claude Jutra, la direction a trouvé l'occasion de la casser. Je ne veux pas trop défendre ma paroisse, mais l'expérience dont disposent des gens comme elle, l'étoffe qu'ils peuvent donner à un propos, la perception qu'ils ont de la réalité de maintenant, restent des choses extrêmement valables. Qu'on puisse jeter des gens comme elle de façon aussi cavalière a quelque chose de dramatique pour une société. Lise n'est pas une intouchable, mais ce qu'elle représente doit inspirer le respect, et pas seulement auprès des gens de sa génération. J'ai du mal à comprendre le raisonnement qui a pu pousser la direction du *Devoir* à prendre cette décision. C'est très triste.»

L'affaire Claude Jutra, où il fut révélé que le réalisateur de *Mon oncle Antoine*, décédé en 1986, avait eu des pratiques pédophiles, a aussi touché René d'une certaine façon. Dans la mesure où, au cours d'une discussion très animée entre Rafaële Germain, René-Daniel Dubois et lui à *Culture club*, l'animateur en a oublié son rôle. Il a pris le parti de ses invités, lesquels ont de façon virulente condamné la vindicte populaire à propos de faits allégués qui ont fait surface trente ans après la mort du cinéaste. René a dû s'excuser à son émission la semaine suivante. Auparavant, il a été pris dans la tourmente une seule fois, quand, dans le cadre de l'émission *Six dans la cité*, il a commenté «l'excellente» biographie du metteur en scène André Brassard qu'a écrite Guillaume Corbeil.

« Dans ce bouquin, relate René, on est revenu sur l'accusation de pédophilie dont Brassard a été l'objet, et la peine de prison qu'il a purgée en payant sa dette à la société. Il racontait que le garçon était âgé de quatorze ans mais qu'il avait une vieille âme. J'ai répété ça à la télévision. Ça a été hallucinant. Je recevais des courriels furieux qui réclamaient le retrait des « grandes affiches de ce pédophile «, moi en l'occurrence. »

René a pendant longtemps été reconnu comme un homme d'opinion, à tout le moins dans le secteur culturel, mais il affirme que si tout était à recommencer demain, il se dirigerait davantage vers l'animation, sachant qu'il possède les atouts requis pour bien exercer ce métier. Aussi est-il découragé par l'espèce de déferlement d'opinions sans nuances que les médias s'empressent de mettre en évidence aujourd'hui.

« Parfois, j'hallucine, dit-il. J'ai du mal à comprendre comment certains peuvent continuer à prendre au sérieux des gens comme Éric Duhaime ou Sophie Durocher. Même Richard Martineau, que j'aime encore beaucoup malgré tout, a perdu toute crédibilité à mes yeux. Je n'ai jamais été convaincu de la pertinence des blogues dans les grands médias non plus. Les commentaires des internautes sont extrêmement troublants. Au début, je croyais que tout cela prendrait la forme d'une agora, une espèce de place publique où il y aurait des échanges et où on établirait une sorte de dialogue. Très rapidement, c'est tombé dans la connerie, la scatologie, la pure bêtise, la haine, et ces commentaires sont souvent formulés dans une langue improbable. Avoir une opinion maintenant, c'est l'exprimer n'importe où, n'importe comment, même de façon anonyme. »

À l'époque où René a exercé son métier de journaliste, ceux qui souhaitaient exprimer un désaccord devaient prendre la peine de mettre une lettre à la poste ou de téléphoner. La discussion pouvait être parfois animée, mais cela n'avait rien à voir avec le genre d'insultes spontanément mises en ligne sur le web sous une chronique, ou dans les médias sociaux.

Il estime que la place de l'information « sérieuse » n'a jamais été aussi pertinente et ne peut être faite que par des médias qui ont les moyens d'investir dans une salle de rédaction. Le virage populiste force parfois ceux-ci à céder à leurs démons et à infantiliser leur public. Ce qui, à ses yeux, est proprement désolant. À son avis, il est du devoir d'une société comme Radio-Canada de faire honneur à la culture. « Sur une chaîne spécialisée comme ARTV, il me semble que des émissions sur la littérature et le cinéma seraient la moindre des choses, déplore René. Si ARTV remplissait réellement son mandat, comme Arte en France, on en trouverait. J'aime beaucoup la patronne, Dominique Chaloult, que j'ai connue haute de même, mais je crois que la direction vers laquelle tout cela se dirige est consternante. Je veux bien qu'on rajeunisse les formules pour attirer le public, mais parfois, il faut savoir faire une différence entre la patine et la poussière. »

Homme de magazines pendant longtemps, René s'étonne aussi du grand nombre de revues qui continuent d'être publiées régulièrement, apparemment de façon viable. Lui qui consulte désormais tous ses journaux et magazines sur sa tablette, a pourtant été pris de nostalgie récemment. En passant devant un grand kiosque à journaux du marché Atwater, il a failli s'arrêter pour simplement retrouver le goût qu'une tablette ne peut reproduire : flâner, feuilleter des trucs au gré du regard, en ressortir avec une pile de publications qu'on dévorera en arrivant à la maison. Le marché du magazine a toujours été difficile au Québec mais le problème s'aggrave à cause de la disparition du papier, entraînant aussi la chute de nombreuses imprimeries. Quand René a mis un terme à *Ticket*, le dernier magazine qu'il a dirigé, sa plus grande tristesse a été de ne plus avoir à se rendre à l'imprimerie pour vérifier la qualité de l'impression.

Chaque mois, il allait à Magog, où le magazine était imprimé, pour suivre toutes les opérations, lesquelles se faisaient de nuit. Même s'il logeait dans des motels miteux, il y prenait un vrai plaisir. Il aimait le bruit des rotatives, l'odeur de l'encre, voir la quantité de papier gaspillé avant d'atteindre la plus belle qualité, l'étape du pliage. Et aussi celle de l'initialisation, qui donne le signal que l'impression peut maintenant commencer. «J'étais dans le cœur de la bête, dit-il. Ça ressemblait un peu au sentiment que j'ai ressenti plus tard à la radio. Ce n'est pas tant une impression de pouvoir, mais plutôt celle de participer activement à quelque chose de très vivant, de très réel. Je ressentais cette impression-là de façon physique quand j'allais à l'imprimerie. Je sais que je ne pourrai plus jamais retrouver cette sensation en animant une émission hebdomadaire de deux heures, consacrée à la culture. Il s'agit du cours normal des choses.»

ÉPILOGUE

René dit souvent que la mémoire est menteuse. Il est vrai que la perception personnelle d'une réalité ne correspond pas obligatoirement à la vérité. Mais le contraire est aussi vrai. Quand je lui ai fait parvenir le *verbatim* complet de nos conversations, transcrit à la virgule près, René s'est emmuré dans le silence pendant plusieurs semaines. J'ai même cru mort ce projet de livre. Pour cet homme discret, plus habitué à soutirer les confidences des autres, voir soudain l'étalage de sa vie, couchée noir sur blanc, fut un choc.

Il s'en est remis, comme du reste. René se remet toujours de tout. La résilience dont cet homme fait preuve impressionne. Les deuils successifs de ces dernières années, tant sur le plan personnel que sur le plan professionnel, auraient pu venir à bout de chacun d'entre nous, mais René a choisi de rester du bon côté de la vie. Sa nature de verbomoteur est intacte, tout comme son enthousiasme et son légendaire talent de conteur. Jaser avec lui, c'est aussi rire.

Cet humour formidable est, je crois, l'un des éléments qui expliquent son succès. Même à l'époque où il était reconnu grâce à sa plume aiguisée ou ses propos incisifs, ce chroniqueur au langage coloré, souvent très drôle, a vite été adopté par le grand public, qui ne l'a plus jamais lâché par la suite. Bien sûr, le fougueux commentateur s'est un peu assagi avec l'âge, surtout au moment où l'animateur a pris le pas sur le critique, mais la nature de l'homme, aussi impétueuse qu'enjouée, n'a jamais changé.

René est aussi un homme d'émotions, même s'il reste pudique à cet égard. Nos conversations ont souvent eu lieu chez Graziella, un restaurant du Vieux-Montréal, car l'endroit a une valeur symbolique à ses yeux. Après la mort de Pierre, Marie-Hélène et Jean-Louis, il s'y est régulièrement réfugié, seul, entouré d'un personnel bienveillant.

Quand vient le moment d'évoquer les passages plus difficiles de sa vie, René ne se défile pas. Il sait verbaliser ce qu'il ressent et se livre à cœur ouvert. D'où, peut-être, cet émoi quand il s'est aperçu, en lisant les transcriptions, qu'il m'avait donné accès à tout, sans aucune restriction.

Cette année, ponctuée de nos nombreux rendez-vous, sera pour moi marquée d'une pierre blanche. J'aurai eu l'occasion de connaître un peu mieux un homme que j'admire, en qui j'ai toujours vu un modèle, et dont le parcours est, comment dire, plus que distrayant.

Merci la vie.

Marc-André Lussier

TABLE